helge nordmann O Die Techniken des Gleichunglösens O Band 2

helge nordmann

Die Techniken des Gleichunglösens

2: Lineare Gleichungssysteme

helge nordmann

http://www.norrsken-data-teknik.com/

Die Techniken des Gleichunglösens

Band 2: Lineare Gleichungssysteme

2007

Bibliografische Information der Deutschen Bibliothek: Die Deutsche Bibliothek verzeichnet diese Publikation in der Deutschen Nationalbibliografie; detaillierte bibliografische Daten sind im Internet über **http://dnb.ddb.de** abrufbar.

Herstellung und Verlag: Books on Demand GmbH, Norderstedt

ISBN 978-3-8334-9308-9

Inhalt:

Band 2 Lineare Gleichungssysteme

Techniken des Gleichunglösens 2

Vorwort

Die Techniken des Gleichunglösens sind für alle Mathematikanwendungen, in Schule, Studium und Beruf fundamental. Oftmals sind es aber gerade diese Techniken, die nicht, oder nur teilweise erlernt werden – es fehlt zumeist der 'rote Faden'. Daraus ergibt sich dann oft ein Scheitern an einfachsten Problemstellungen.

Diese Schriftenreihe richtet sich ebenso an Schülerinnen und Schüler, wie an Studierende oder beruflich Interessierte und bietet einen einfachen, aber dennoch tiefgehenden Zugang zu allen wichtigen Techniken des Gleichunglösens.

Dieser zweite Band der *Techniken des Gleichunglösens* bespricht ausführlich das Lösen linearer Gleichungssysteme. Er ist für Schülerinnen und Schüler ab etwa 16 Jahren geeignet. Unabhängig vom ersten Band, wird hier das Lösungsverfahren des GAUSS-Algorithmus vollständig dargestellt, so dass hier auch eine Vorbereitung auf ein Studium oder die Anwendung dieser Schrift als Nachschlagewerk im Studium ermöglicht wird.

Eine vollständige Darstellung aller Aufgabenstellungen ist natürlich nicht möglich. Hier ist eine Beschränkung auf das besonders häufig Benötigte erforderlich.

Es wird bewusst auf Beweisführung verzichtet. Statt dessen wird ausführlich auf alle Lösungsprobleme eingegangen. Ein Verzicht auf Fachbegriffe ist aber leider nicht möglich. Dem Leser, der Leserin wird empfohlen, sich diese Begriffe so bald wie möglich zu eigen zu machen.

Vorrangiges Ziel ist es, einen programmartigen Ablauf der Vorgehensweisen so darzustellen, dass das hier besprochene Verfahren auch ohne Vorkenntnisse anwendbar wird.

Besonderer Dank gebührt den Studenten der *Fachhochschule Bremerhaven*, die mit ihren Fragen und Vorschlägen an der Entstehung dieses Buches mitgewirkt haben!

Möge allen das nötige Handwerkszeug für eine erfolgreiches Arbeiten gegeben sein.

Bremerhaven, im Oktober 2007

1 Hinweise zur Benutzung dieses Buches

1.1 Anwendungshinweise

🕮 Alle Kapitel dieses Buches bauen auf einander auf. Deshalb ist es für jene, die dieses Buch als Lehrbuch anwenden wollen, erforderlich, die Kapitel in der vorgegebenen Reihenfolge zu lesen.

> Merksätze sind linksseitig markiert und sollten in unveränderter Form gelernt werden!

🕮 Wer nur an einer rezeptmäßigen Lösung interessiert ist, befolge bitte die Anweisungen der Kapitel 3 und 5 bis 8 genauestens.

🕮 Wer hingegen nur bei Bedarf etwas nachschlagen möchte, findet zusätzlich zum Inhaltsverzeichnis einen Index am Ende dieses Buches, so dass sich jede Fragestellung, jede Methode und jedes Verfahren schnell auffinden lässt. Es sei aber noch einmal darauf hingewiesen, dass alle Kapitel auf einander aufbauen. Damit kann ein Verständnis eines Kapitels, nur in Kenntnis der vorigen Kapitel erwartet werden.

🕮 Beispiele sind nach ihrer Art unterschiedlich dargestellt. Vollständige Beispiele tragen eine Abschnittsnummerierung, die mit einem **B** gekennzeichnet ist.

> Teilbeispiele werden eingerückt dargestellt.

🕮 Beispielaufgaben sollten nachgerechnet werden!

🕮 Die Übungsaufgaben der Anwendungen und des Kapitels 9 sind mit vollständigem Lösungsweg angegeben. Der Leser, die Leserin möge sich zunächst selbst daran versuchen und danach mit der Lösung des Buches vergleichen.

🕮 Das Ende einer vollständigen Lösung ist mit einem rechtsbündigen $-Zeichen gekennzeichnet.

$

🕮 Für weitergehende Aufgabenstellungen oder Verfahren wird auf die Web-Seite des Autors

http://www.norrsken-data-teknik.com/Gleichungen/

verwiesen. Für Bereiche, in denen ein Passwort verlangt wird, ist 'NEWTON' zu verwenden.

1.2 Fachbegriffe

Fachbegriffe werden bei ihrem ersten Erscheinen im Text *kursiv* gedruckt.

Nicht erklärt werden diejenigen Begriffe, die in diesem Buch nicht verwendet, wohl aber erwähnt werden. Diese Begriffe dienen der Orientierung in der weiter führenden Literatur. Die Kenntnis dieser Begriffe ist nicht erforderlich.

Unbedingt erforderlich für das Verstehen des Textes ist es, die **verwendeten** Fachbegriffe zu beherrschen. Daher wird empfohlen, die nachfolgend erklärten Begriffe gründlich zu lernen. Die hier angegebenen Begriffsbestimmungen entsprechen nicht exakt den mathematischen Definitionen, reichen aber für das Verständnis der meisten Anwendungen aus:

Lineare Gleichung:

Gleichung, in der nur die Operationen **+** ; **-** ; * ('Plus', 'Minus', 'Mal') vorkommen.

Variable:

veränderliche Größe.

Konstante:

unveränderliche Größe.

Koeffizient:

Konstanter Faktor vor einer Variablen oder Unbekannten.

Faktor:

Glied eines Produktes (*).

Summand:

Glied einer Summe (+).

Absolutglied:

Konstanter Summand (rechts vom Gleichheitszeichen).

Quotient:

Bruch.

Index, Pl.: Indizes:

Zusatz zu einem Formelzeichen zur Unterscheidung mehrerer gleichartiger Größen. Üblicherweise unten rechts an das Formelzeichen geschrieben.

Argument:
Variable, die innerhalb vorgegebener Grenzen frei wählbar ist.

Funktion:
Beschreibung einer Abhängigkeit.

Funktionswert:
Variable, die vom Argument abhängt.

Zeile:
Waagerecht nebeneinander stehende Abschnitte einer Gleichung.

Spalte:
Senkrecht untereinander stehende, gleichartige Abschnitte mehrerer Gleichungen.

Einheit:
Zusatz zu einem Zahlenwert, zur Bezeichnung des verwendeten Maßsystems.

1.3 Verwendete Bezeichnungen

1.3.1 Verwendete Formelzeichen

x	gesuchte Größe, Unbekannte
a	Koeffizient der Unbekannten x
b	Absolutglied
i	Index, die Zeilennummer angebend
j	Index, die Spaltennummer angebend
t	Index der Pivot-Zeile
p	Index der Pivot-Spalte
n	Anzahl der Unbekannten
m	Anzahl der Gleichungen
q	Quotient
d	Diagonalprodukt, Determinante

1.3.2 Verwendete Einheiten

In den technischen Beispielen werden die Einheiten des internationalen *SI*-Einheitensystems verwendet.

In allen übrigen Aufgabenstellungen werden die Einheiten zur Kennzeichnung des fiktiven Charakters der Aufgaben frei erfunden oder ausgelassen. Hierdurch wird zugleich verdeutlicht, dass das verwendete Maß- und Einheitensystem ohne Bedeutung für das Resultat einer Problemlösung ist.

1.3.3 Römische Zahlen

Römische Zahlen geben die Nummer einer Gleichung an.

1.3.4 Schreibweisen

Spezielle Schreibweisen werden nicht verwendet. Hervorhebungen erfolgen durch **Fettdruck** sowie Bindestrich-Schreibweise. Dabei bedarf das zweite Teilwort des in Bindestrich-Schreibweise geschriebenen Wortes einer besonderen Beachtung (z.B.: Pivot-Zeile – hier liegt die Betonung auf Zeile).

2 Aufgabenstellung

2.1 Gleichungssysteme

Oftmals treten in mathematisch beschreibbaren Fragestellungen mehrere gesuchte Größen auf. –Und da für jede gesuchte Größe eine Gleichung benötigt wird, ergeben sich in der Problembeschreibung mehrere zusammengehörige Gleichungen. Solche Mengen zusammengehöriger Gleichungen heißen *Gleichungssysteme*.

Anmerkung: In Gleichungssystemen ist es sinnvoll, jede Gleichung mit einem Namen zu versehen, so dass sie leicht identifiziert werden kann. Die üblichen Benennungen verwenden römische Zahlen, die vor die jeweilige Gleichung geschrieben werden.

Beispiel: Ein Gleichungssystem, mit den gesuchten Größen $x_1;x_2$ sei über zwei Gleichungen gegeben.

Eine übliche und sinnvolle Benennung wäre dann:

$$\begin{array}{ll} \textbf{I} & 2x_1 - 4x_2 = \ldots \\ \textbf{II} & 6x_1 - 0x_2 = \ldots \end{array}$$

Eine gelegentlich zu sehende, aber weniger übersichtliche Benennung wäre hingegen die Benennung mittels arabischer Zahlen in Klammern hinter der jeweiligen Gleichung:

$$\begin{array}{ll} 2x_1 - 4x_2 = \ldots & (\mathbf{1}) \\ 6x_1 - 0x_2 = \ldots & (\mathbf{2}) \end{array}$$

2.2 Linearität

Werden auf eine gesuchte Größe nur die Operationen $\{+;-;\cdot\}$ angewandt, so heißt die beschreibende Gleichung *linear*.[1] In einer solchen Gleichung steht also eine Summe mehrerer gesuchter Größen, die mit bekannten Faktoren, den *Koeffizienten*, multipliziert werden.[2]

---

[1] Die exakte Definition des Linearitätsbegriffes wird hier nicht angegeben, sie wird in der Funktionen- und Abbildungstheorie präziser gefasst. Die exakte Definition führt aber auf die hier angegebene Aussage.

[2] Zum Koeffizientenbegriff siehe auch 'Techniken des Gleichunglösens', Band 1, Lösen von Polynomen.

Dabei dürfen die Koeffizienten von beliebiger Struktur sein, also durchaus über Brüche, Wurzeln etc. gebildet werden.

Beispiel: Eine Gleichung, mit den gesuchten Größen $x_1; x_2$ enthalte Koeffizienten, die über Brüche und Wurzeln gegeben ist:

$\frac{1}{\sqrt{2}} x_1 - \sqrt{123}\, x_2 \ldots = \ldots$ Diese Gleichung ist linear

Eine Gleichung, mit den gesuchten Größen $x_1; x_2$ enthalte die gesuchten Größen, die über Brüche oder Wurzeln beschrieben sind:

$\frac{2}{x_1} - 123\sqrt{x_2} \ldots = \ldots$ Diese Gleichung ist nicht linear

Ein System von linearen Gleichungen, ein *lineares Gleichungssystem*, stellt somit einen Spezialfall dar. Dieser Spezialfall ist jedoch häufig und lässt sich besonders einfach und auf stets gleiche Weise hantieren.

Die Beschreibung eines solchen, stets gleichen Vorgehens, eine vollständige Handlungsanweisung, heißt *Algorithmus*. In diesem Band wird der Algorithmus zum Lösen linearer Gleichungssysteme vollständig und ausführlich beschrieben. Dieser Algorithmus geht auf CARL FRIEDRICH GAUSS zurück und wird daher als GAUSS-Algorithmus bezeichnet.

Zusätzlich werden einige ausgewählte Anwendungen besprochen.

2.3 Durchgehend behandelte Beispiele

Die nachfolgend angegebenen linearen Gleichungssysteme seien für die gesuchten Größen $x_1; x_2; \ldots; x_n \in \mathbb{R}$ zu lösen. In den folgenden Kapiteln der Beschreibung des Lösungsverfahrens, werden diese Beispielaufgaben detailliert betrachtet und vollständig gelöst.[3]

2.3.1.B Durchgehend behandeltes Beispiel B 1

Das Gleichungssystem

$$\begin{array}{lrrrcr} \text{I} & & 2x_2 & +4x_3 & = & -6 \\ \text{II} & 8x_1 & -2x_2 & +12x_3 & = & 8 \\ \text{III} & -4x_1 & +2x_2 & -8x_3 & = & 12 \end{array}$$

sei für $x_1; x_2; x_3 \in \mathbb{R}$ zu lösen.

[3] Im Kapitel 9 finden sich Übungsaufgaben.

2.3.2.B Durchgehend behandeltes Beispiel B 2

Das Gleichungssystem

I	$5x_1$	$+10x_2$	$-20x_3$	$=$	40
II	$10x_1$	$+28x_2$	$-38x_3$	$=$	76
III	$15x_1$	$+62x_2$	$-52x_3$	$=$	114

sei für $x_1;x_2;x_3 \in \mathbb{R}$ zu lösen.

2.3.3.B Durchgehend behandeltes Beispiel B 3

Das Gleichungssystem

I	$5x_1$	$-4x_2$	$+2x_3$	$+10x_4$	$+15x_5$	$=$	2
II	$-10x_1$	$+8x_2$	$+4x_3$	$-18x_4$	$-30x_5$	$=$	0
III	$20x_1$	$-16x_2$	$+16x_3$	$+42x_4$	$+60x_5$	$=$	12
IV	$30x_1$	$-24x_2$	$+28x_3$	$+66x_4$	$+90x_5$	$=$	26

sei für $x_1;x_2;..;x_5 \in \mathbb{R}$ zu lösen.

3 Die Normalform

Für jeden Gleichungstyp existiert eine Standardstruktur, die *Normalform*, in der die Gleichung sortiert angegeben wird. Im Gegensatz zu anderen Gleichungstypen, werden lineare Gleichungen so sortiert, dass die gesuchten Größen stets auf der linken Seite angeordnet werden. Diese Größen werden numerisch oder alphabetisch von links nach rechts sortiert. Damit steht die erste gesuchte Größe (etwa x_1) an der ersten Position, die zweite gesuchte Größe an der zweiten Position, etc.

Beschrieben ist ein solches System von Gleichungen über seine Koeffizienten, die vor den gesuchten Größen stehen und die Absolutglieder, die auf der rechten Seite der Gleichung angeordnet werden:[4]

$$\begin{array}{lllllll}
\text{I} & a_{11}x_1 & +a_{12}x_2 & +\ldots & +a_{1n}x_n & = & b_1 \\
\text{II} & a_{21}x_1 & +a_{22}x_2 & +\ldots & +a_{2n}x_n & = & b_2 \\
\vdots & \vdots & \vdots & & \vdots & & \vdots \\
\text{M} & a_{m1}x_1 & +a_{m2}x_2 & +\ldots & +a_{mn}x_n & = & b_m
\end{array}$$

In diesem Kapitel wird beschrieben, wie die Gleichungen, die noch nicht die Normalform eines linearen Gleichungssystems haben, in diese Form überführt werden.

3.1 Anordnen der Unbekannten auf der linken Seite

Es kann vorkommen, dass beim Aufstellen eines Gleichungssystems zunächst Gleichungen entstehen, die auch Unbekannte auf der rechten Seite des Gleichheitszeichens enthalten. Durch Subtrahieren der, auf der rechten Seite stehenden Unbekannten (mit ihren Koeffizienten) werden diese auf die linke Seite gebracht. Dabei werden sinnvollerweise die Unbekannten zugleich numerisch (d.h. nach ihren Indizes) sortiert.

Das heißt: Es sei eine lineare Gleichung I in der Form

$$\text{I} \quad a_{i1}x_1 + a_{i2}x_2 + \ldots = \mathbf{a}_{ik}\mathbf{x}_k + \mathbf{a}_{i;k+1}\mathbf{x}_{k+1} + \ldots + \mathbf{a}_{i;k+u}\mathbf{x}_{k+u} + b_i$$

---

[4] Absolutglieder sind die Koeffizienten der Glieder 0-ten Grades (vgl. Lösen von Polynomen, Band 1)

gegeben, dann werden durch Subtrahieren der Unbekannten $a_{ik}x_k$; …; $a_{i;k+u}x_{k+u}$ diese Unbekannten auf die linke Seite der Gleichung gebracht und entsprechend ihrer Nummerierung sortiert:

$$\text{I} \quad a_{i1}x_1 + a_{i2}x_2 \mathbf{-a_{ik}x_k} \mathbf{-a_{i;k+1}x_{k+1}} -\ldots \mathbf{-a_{i;k+u}x_{k+u}} = +b_i$$

Beispiel zum Anordnen der Unbekannten auf der linken Seite: Es sei die lineare Gleichung

$$2x_2 - 5x_3 = 8\mathbf{x}_1 - 7\mathbf{x}_4 - 9$$

gegeben, dann wird diese Gleichung durch Subtrahieren der Unbekannten x_1, x_4 und Sortieren nach der Nummer der Unbekannten, in die gewünschte Form überführt:

$$2x_2 - 5x_3 = 8\mathbf{x}_1 - 7\mathbf{x}_4 - 9 \quad | -8\mathbf{x}_1 + 7\mathbf{x}_4$$

$$-8\mathbf{x}_1 + 2x_2 - 5x_3 + 7\mathbf{x}_4 = -9 \,.$$

3.2 Anordnen des Absolutgliedes auf der rechten Seite

Gelegentlich kann es vorkommen, dass beim Aufstellen eines Gleichungssystems zunächst Gleichungen entstehen, die das Absolutglied auf der linken Seite des Gleichheitszeichens enthalten. Durch Subtrahieren des auf der linken Seite stehenden Absolutgliedes, wird dieses auf die rechte Seite der Gleichung gebracht.

Das heißt: Es sei eine lineare Gleichung I in der Form

$$\text{I} \quad a_{i1}x_1 + a_{i2}x_2 + \ldots + a_{in}x_n \mathbf{+b_i} = 0$$

gegeben, dann wird durch Subtrahieren des Absolutgliedes b_i, dieses auf die rechte Seite der Gleichung gebracht:

$$\text{I} \quad a_{i1}x_1 + a_{i2}x_2 + \ldots + a_{in}x_n = \mathbf{-b_i}$$

Beispiel zum Anordnen des Absolutgliedes auf der rechten Seite: Es sei die lineare Gleichung

$$-8x_1 + 2x_2 - 5x_3 + 7x_4 \mathbf{-9} = 0$$

mit dem Absolutglied auf der linken Seite gegeben, dann wird diese Gleichung durch Subtraktion (hier: negative Subtraktion: Addition) des Absolutgliedes in die *Normalform* überführt:

$$-8x_1 \ +2x_2 \ -5x_3 \ +7x_4 \ \mathbf{-9} = 0 \quad | +9$$

$$-8x_1 \ +2x_2 \ -5x_3 \ +7x_4 = \mathbf{9}\ .$$

3.3 Sortieren der Gleichungen untereinander als System

Alle Gleichungen haben jetzt die Standardstruktur. Die Gleichungen werden so geschrieben, dass gleiche Unbekannte (d.h.: die mehrfach vorkommende selbe Unbekannte) unter einander stehen. Es empfiehlt sich, nicht vorkommende Unbekannte, mit dem Koeffizienten Null versehen, mit aufzuschreiben.

Beispiel zum Schreiben als System: Es seien die Gleichungen I, II, III gegeben:

$$\begin{array}{lrrrcl} \text{I} & 2x_1 & -4x_2 & +6x_3 & = & 4 \\ \text{II} & & 8x_2 & -2x_3 & = & 2 \\ \text{III} & & 10x_1 & 4x_3 & = & 8 \end{array}$$

Durch Sortieren ergab sich bereits die gewünschte Struktur. Nicht vorkommende Unbekannte werden mit aufgeführt und selbe Unbekannte untereinander geschrieben, also

$$\begin{array}{lrrrcl} \text{I} & 2x_1 & -4x_2 & +6x_3 & = & 4 \\ \text{II} & \mathbf{0}x_1 & +8x_2 & -2x_3 & = & 2 \\ \text{III} & 10x_1 & +\mathbf{0}x_2 & +4x_3 & = & 8 \end{array}$$

3.4 Schreiben des Gleichungssystems als Tableau

Da die Anordnung der Unbekannten stets die Gleiche ist, und die Namen der Unbekannten für den Lösungsprozess keine Bedeutung haben, kann das Gleichungssystem allein durch die Angabe seiner Koeffizienten geschrieben werden. Das dadurch entstehende *Tableau* ist übersichtlicher als das ganze Gleichungssystem. Da dieses Tableau nur noch die Koeffizienten der Unbekannten und die

Absolutglieder enthält, brauchen auch nur noch die Koeffizienten und die Absolutglieder unterschieden werden, dies geschieht am Besten durch Einfügen von senkrechten Trennstrichen vor den Absolutgliedern.

Das heißt: Es sei ein lineares Gleichungssystem in seiner Normalform gegeben:

$$\begin{array}{llllll}
\text{I} & a_{11}x_1 & +a_{12}x_2 & +\ldots & +a_{1n}x_n & = b_1 \\
\text{II} & a_{21}x_1 & +a_{22}x_2 & +\ldots & +a_{2n}x_n & = b_2 \\
\vdots & \vdots & \vdots & & \vdots & \vdots \\
\text{M} & a_{m1}x_1 & +a_{m2}x_2 & +\ldots & +a_{mn}x_n & = b_m
\end{array}$$

Durch Fortlassen der Unbekannten und Einfügen von Trennstrichen entsteht das Tableau:

$$\begin{array}{lcccc|c}
\text{I} & a_{11} & a_{12} & \ldots & a_{1n} & b_1 \\
\text{II} & a_{21} & a_{22} & \ldots & a_{2n} & b_2 \\
\vdots & \vdots & \vdots & & \vdots & \vdots \\
\text{M} & a_{m1} & a_{m2} & \ldots & a_{mn} & b_m
\end{array}$$

3.5 Schreibweisen und Begrifflichkeiten linearer Gleichungssysteme

Neben der Darstellung eines (linearen) Gleichungssystems in Gleichungsform und der Darstellung als Tableau existiert eine weitere Darstellung, in der, wie in den Tableaus, nur die Koeffizienten angegeben werden. Diese Form der Darstellung, heißt *Matrix* (pl.: *Matrizen*), sie wird in runden Klammern angegeben und üblicherweise mit Großbuchstaben benannt.

Für ein Gleichungstableau

$$\begin{array}{lcccc|c}
\text{I} & a_{11} & a_{12} & \ldots & a_{1n} & b_1 \\
\text{II} & a_{21} & a_{22} & \ldots & a_{2n} & b_2 \\
\vdots & \vdots & \vdots & & \vdots & \vdots \\
\text{M} & a_{m1} & a_{m2} & \ldots & a_{mn} & b_m
\end{array}$$

lassen sich die Koeffizienten a_{ij} als Matrix A und die Absolutglieder b_i als Matrix b angeben mit

$$A=\begin{pmatrix} a_{11} & a_{12} & \cdots & a_{1n} \\ a_{21} & a_{22} & \cdots & a_{2n} \\ \vdots & \vdots & & \vdots \\ a_{m1} & a_{m2} & \cdots & a_{mn} \end{pmatrix}; \quad b=\begin{pmatrix} b_1 \\ b_2 \\ \vdots \\ b_m \end{pmatrix}.$$

Das oben angegebene Gleichungssystem oder Tableau kann daher auch, mit den gesuchten Größen x_j, mittels einer Matrizengleichung geschrieben werden:

$$Ax=b.$$

Die Zeilen einer Matrix werden als *Zeilenvektor* und die Spalten einer Matrix als *Spaltenvektor* bezeichnet.

Hier werden die Eigenschaften von Vektoren sowie Matrizen nicht näher betrachtet, da hier nur das Verfahren zum Lösen linearer Gleichungssysteme beschrieben wird...[5]

3.6 Fortführung der durchgehend behandelten Beispiele

3.6.1.B Fortführung des Beispiels B 1

Es sei das lineare Gleichungssystem aus B 1 gegeben:

I	$2x_1$	$-4x_2$	$+6x_3$	=	4
II	$\mathbf{0}x_1$	$+8x_2$	$-2x_3$	=	2
III	$10x_1$	$+\mathbf{0}x_2$	$+4x_3$	=	8

Durch Fortlassen der Unbekannten und Abtrennen der Absolutglieder durch Striche entsteht das Tableau:

I	2	–4	6	4
II	0	8	–2	2
III	10	0	4	8

[5] Der Matrixbegriff wird hier nur erwähnt, um darzustellen, wie Matrizengleichungen als Tableaus linearer Gleichungssysteme verstanden und gelöst werden können.

3.6.2.B Fortführung des Beispiels B 2

Es sei das lineare Gleichungssystem aus B 2 gegeben:

I	$5x_1$	$+10x_2$	$-20x_3$	=	40
II	$10x_1$	$+28x_2$	$-38x_3$	=	76
III	$15x_1$	$+62x_2$	$-52x_3$	=	114

Durch Fortlassen der Unbekannten und Abtrennen der Absolutglieder durch Striche entsteht das Tableau:

I	5	10	–20	40
II	10	28	–38	76
III	15	62	–52	114

4.6.3.B Fortführung des Beispiels B 3

Es sei das lineare Gleichungssystem aus B 3 gegeben:

I	$5x_1$	$-4x_2$	$+2x_3$	$+10x_4$	$+15x_5$	=	2
II	$-10x_1$	$+8x_2$	$+4x_3$	$-18x_4$	$-30x_5$	=	0
III	$20x_1$	$-16x_2$	$+16x_3$	$+42x_4$	$+60x_5$	=	12
IV	$30x_1$	$-24x_2$	$+28x_3$	$+66x_4$	$+90x_5$	=	26

Durch Fortlassen der Unbekannten und Abtrennen der Absolutglieder durch Striche entsteht das Tableau:

I	5	–4	+2	+10	+15	2
II	–10	+8	+4	–18	–30	0
III	20	–16	+16	+42	+60	12
IV	30	–24	+28	+66	+90	26

4 Aufstellung des Gleichungssystems

In diesem Kapitel werden die Strategien und Regeln zum Aufstellen linearer Gleichungssysteme für spezielle und häufig benötigte Aufgabenstellungen angegeben. Das Anwendungsspektrum linearer Gleichungssysteme ist natürlich erheblich weiter, als diese kleine Auswahl suggeriert...

Die nachfolgenden Abschnitte sollten nur beachtet werden, falls die hier angeführten Probleme zu lösen sind. Ansonsten:

Weiter mit Kapitel 5

Nachfolgend werden die Verfahren zum Aufstellen der Gleichungssysteme häufiger Probleme dargestellt. Diese kleine Auswahl enthält:

Lineare Abhängigkeit

Das Problem: Für eine Menge Vektoren seien die linearen Abhängigkeiten dieser Vektoren von einander zu ermitteln. Seite 19

Kehrmatrix

Das Problem: Für eine Matrix sei ihr Inverses zu ermitteln. Seite 23

Aufstellung von Polynomen

Das Problem: Für eine Polynomfunktion seien die Koeffizienten aus gegebenen Punkten zu ermitteln. Seite 28

Ermittlung von Lagerkräften

Das Problem: In einem statischen System mit angreifenden Kräften, Lagern und eventuell Gelenken seien die Lagerkräfte zu berechnen. Seite 32

Ermittlung von Strebenkräften

Das Problem: In einem statischen System seien die Kräfte in allen Streben zu berechnen. Seite 44

Ermittlung von elektrischen Strömen

Das Problem: In einem elektrischen Schaltkreis mit mehreren parallelen sowie in Reihe geschalteten reellen Widerständen seien alle Ströme zu berechnen. Seite 52

4.1 Lineare Abhängigkeit

Zwei Richtungsvektoren $a; b$, deren Richtungen gleich (deren Normen aber beliebig) sind, lassen sich durch Multiplikation mit einem Skalar μ in einander überführen:

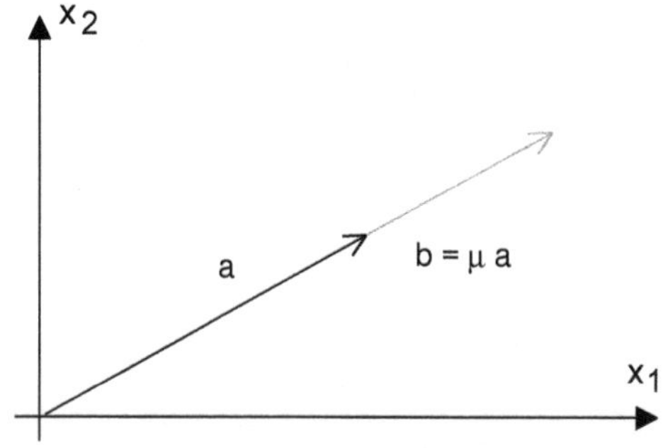

$$b = \mu a.$$

Zwei nicht in die gleiche Richtung weisende Vektoren spannen eine ebene Fläche auf. Liegt nun ein dritter Vektor in dieser Fläche, so lässt er sich über die Aneinanderhängung (Addition) von Teilen oder Vielfachen der beiden ersten Vektoren beschreiben:

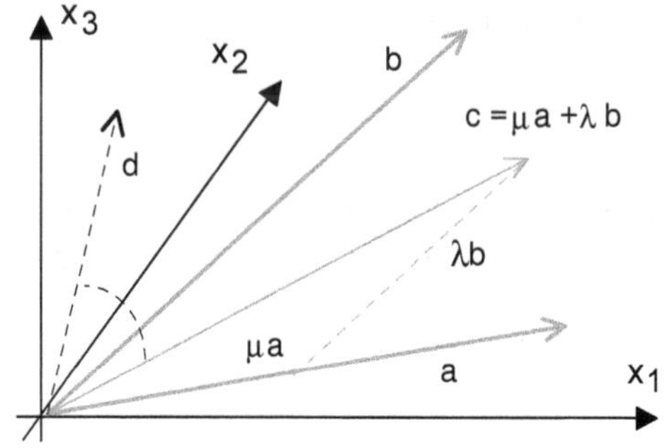

$$c = \mu a + \lambda b.$$

Allgemein lässt sich ein (Richtungs-) Vektor v mittels einer linearen Gleichung

$$\sum_{j=1}^{k} \mu_j w_j = v \quad \text{(Bedingung der linearen Abhängigkeit)}$$

über k Vektoren w_j ausdrücken, falls er in dem, von den Vektoren w_j aufgespannten (k-dimensionalen) Raum liegt. Der Vektor v heißt dann linear abhängig von den Vektoren w_j.[6]

Die Bedingung der linearen Abhängigkeit lässt sich umformen:

$$\sum_{j=1}^{k} \mu_j w_j = v \qquad | - v$$

$$\left(\sum_{j=1}^{k} \mu_j w_j\right) - v = 0 \quad | \cdot \nu \neq 0$$

$$\left(\sum_{j=1}^{k} \nu \mu_j w_j\right) - \nu v = 0 .$$

Eine Umbenennung der skalaren Faktoren

$$\lambda_j := \nu \mu_j ; \; \lambda_{k+1} := -\nu$$

sowie des Vektors v

$$w_{k+1} := v$$

vereinfacht diese Gleichung zu

$$\sum_{j=1}^{k+1} \lambda_j w_j = 0 .$$

Diese Form der Bedingung der linearen Abhängigkeit findet sich häufig in der Literatur.[7] Zu beachten ist hierbei, dass eine Multiplikation mit einem von Null verschiedenen Skalar stattgefunden hat (das ermöglicht die Umkehrbarkeit dieser Aussage), die Gleichung also

---

[6] Der Spezialfall, dass ein Vektor v sich durch **einen** Vektor w ausdrücken lässt (Parallelität) heißt auch: 'Kollinearität'. Der Spezialfall ein Vektor v liegt in der, von zwei Vektoren w_1; w_2 aufgespannten (anschaulichen) Ebene, heißt auch: 'Komplanarität'.

[7] Diese analytische Form der Bedingung der linearen Abhängigkeit ist in Beweisen häufig vorteilhaft. Nachteilig ist aber, dass die Abhängigkeit eines Vektors von den übrigen Vektoren nicht konkret beschrieben wird.

nichttriviale (das heißt: von Null verschiedene) Lösungen haben muss!

4.1.B Beispiel zur linearen Abhängigkeit

Es seien die Vektoren

$$a; b; c \in \mathbb{R}^3$$

gegeben mit

$$a = \begin{pmatrix} 2 \\ 4 \\ 6 \end{pmatrix}; b = \begin{pmatrix} -6 \\ 2 \\ 6 \end{pmatrix}; c = \begin{pmatrix} -10 \\ 8 \\ 18 \end{pmatrix}.$$

Die Vektoren seien auf lineare Abhängigkeit zu untersuchen.

Mit der Bedingung der linearen Abhängigkeit

$$\sum_{j=1}^{k} \mu_j w_j = v$$

sei hier die Abhängigkeit des Vektors c (willkürlich gewählt) von den Vektoren $a; b$ behauptet. Dann gilt

$$\mu a + \lambda b = c$$

$$\mu \begin{pmatrix} 2 \\ 4 \\ 6 \end{pmatrix} + \lambda \begin{pmatrix} -6 \\ 2 \\ 6 \end{pmatrix} = \begin{pmatrix} -10 \\ 8 \\ 18 \end{pmatrix}.$$

Die Lösung dieses linearen Gleichungssystems

$$\begin{aligned} 2\mu \ -6\lambda &= -10 \\ 4\mu \ +2\lambda &= 8 \\ 6\mu \ +6\lambda &= 18 \end{aligned}$$

$$\mu = 1; \lambda = 2$$

liefert die Aussage, dass sich der Vektor c (linear abhängig) durch die Vektoren $a; b$ darstellen lässt, gemäß:

$$c = 1a + 2b.$$

Die analytische Sichtweise liefert natürlich ebenfalls die lineare Abhängigkeit, gemäß

$$\mu a + \lambda b + \nu c = 0$$

$$\mu\begin{pmatrix} 2 \\ 4 \\ 6 \end{pmatrix} + \lambda\begin{pmatrix} -6 \\ 2 \\ 6 \end{pmatrix} + \nu\begin{pmatrix} -10 \\ 8 \\ 18 \end{pmatrix} = 0$$

$$\begin{aligned} 2\mu \; -6\lambda \; -10\nu &= 0 \\ 4\mu \; +2\lambda \; +8\nu &= 0 \\ 6\mu \; +6\lambda \; +18\nu &= 0 \end{aligned}$$

mit der nicht nur trivialen Lösung

$$\mu = 0 - 1\xi;\ \lambda = 0 - 2\xi;\ \nu = 0 + 1\xi;\ \xi \in \mathbb{R}.$$

Seien dagegen die Vektoren zu

$$a; b; c \in \mathbb{R}^3$$

$$a = \begin{pmatrix} 2 \\ 4 \\ 6 \end{pmatrix};\ b = \begin{pmatrix} -6 \\ 2 \\ 6 \end{pmatrix};\ c = \begin{pmatrix} -12 \\ 8 \\ 18 \end{pmatrix}$$

gewählt, so liefert die erste Bedingung der linearen Abhängigkeit eine leere Lösung und die analytische Version der Bedingung der linearen Abhängigkeit ausschließlich die triviale Lösung. Die Vektoren sind dann also nicht linear abhängig.[8]

4.1.1 Übungsaufgabe zur linearen Abhängigkeit

Es seien 3 Vektoren $u; v; w$ gegeben mit

$$u = \begin{pmatrix} 2 \\ 4 \\ 6 \end{pmatrix};\ v = \begin{pmatrix} 12 \\ 10 \\ 0 \end{pmatrix};\ w = \begin{pmatrix} -44 \\ -32 \\ 12 \end{pmatrix}.$$

Es sei zu klären, ob diese Vektoren von einander linear abhängig sind.

Lösung Seite 149

---

[8] Der Leser; die Leserin prüfe dieses selbst nach!

4.2 Kehrmatrix

Eine *Matrix* ist die Darstellung eines (linearen) Gleichungssystems mittels seiner Koeffizienten. Sie wird üblicherweise in runden Klamern angegeben.[9]

Für ein lineares Gleichungsystem (vgl. Seite 11ff)

$$\begin{array}{lccccc} \text{I} & a_{11}x_1 & +a_{12}x_2 & +\ldots & +a_{1n}x_n & = & b_1 \\ \text{II} & a_{21}x_1 & +a_{22}x_2 & +\ldots & +a_{2n}x_n & = & b_2 \\ \vdots & \vdots & \vdots & & \vdots & & \vdots \\ \text{M} & a_{m1}x_1 & +a_{m2}x_2 & +\ldots & +a_{mn}x_n & = & b_m \end{array}$$

mit den Koeffizienten $a_{11};\ldots;a_{mn}$, lassen sich die Koeffizienten als Matrix A angeben

$$A=\begin{pmatrix} a_{11} & a_{12} & \cdots & a_{1n} \\ a_{21} & a_{22} & \cdots & a_{2n} \\ \vdots & \vdots & & \vdots \\ a_{m1} & a_{m2} & \cdots & a_{mn} \end{pmatrix}.$$

Entsprechend lassen sich die Absolutglieder b_i als Matrix b mit einer Spalte, als *Spaltenvektor*, angeben

$$b=\begin{pmatrix} b_1 \\ b_2 \\ \vdots \\ b_m \end{pmatrix}.$$

Das obige lineare Gleichungssystem in Normalform kann also über Matrizen kürzer geschrieben werden

$$Ax=b,$$

in der Bedeutung

$$\begin{pmatrix} a_{11} & a_{12} & \cdots & a_{1n} \\ a_{21} & a_{22} & \cdots & a_{2n} \\ \vdots & \vdots & & \vdots \\ a_{m1} & a_{m2} & \cdots & a_{mn} \end{pmatrix} x=\begin{pmatrix} b_1 \\ b_2 \\ \vdots \\ b_m \end{pmatrix}.$$

[9] Gelegentlich finden sich andere Schreibweisen, etwa die Verwendung eckiger Klammern.

Nun können auch Absolutglieder in mehreren Spalten vorkommen, so dass die Absolutglieder ebenfalls als Matrix mit mehreren Zeilen und Spalten darstellbar sind:

$$\begin{pmatrix} a_{11} & a_{12} & \cdots & a_{1n} \\ a_{21} & a_{22} & \cdots & a_{2n} \\ \vdots & \vdots & & \vdots \\ a_{m1} & a_{m2} & \cdots & a_{mn} \end{pmatrix} x = \begin{pmatrix} b_{11} & b_{12} & \cdots & b_{1k} \\ b_{21} & b_{22} & \cdots & b_{2k} \\ \vdots & \vdots & & \vdots \\ b_{m1} & b_{m2} & \cdots & b_{mk} \end{pmatrix}.$$

Dieses entspricht dem linearen Gleichungsystem[10]

$$\begin{array}{llllllll} \text{I} & a_{11}x_{1j} & +a_{12}x_{2j} & +\ldots & +a_{1n}x_{nj} & = b_{11} & b_{12} & \ldots & b_{1k} \\ \text{II} & a_{21}x_{1j} & +a_{22}x_{2j} & +\ldots & +a_{2n}x_{nj} & = b_{21} & b_{22} & \ldots & b_{2k} \\ \vdots & \vdots & \vdots & & \vdots & \vdots & \vdots & & \vdots \\ \text{M} & a_{m1}x_{1j} & +a_{m2}x_{2j} & +\ldots & +a_{mn}x_{nj} & = b_{m1} & b_{m2} & \ldots & b_{mk} \end{array}$$

dessen Lösung dann natürlich auch mehrere Spalten enthält, also wieder eine Matrix für die gesuchte Größe x liefert:

$$x = \begin{pmatrix} x_{11} & x_{12} & \cdots & x_{1k} \\ x_{21} & x_{22} & \cdots & x_{2k} \\ \vdots & \vdots & & \vdots \\ x_{n1} & x_{n2} & \cdots & x_{nk} \end{pmatrix}.$$

Für eine eindeutige und nichtleere Lösung eines linearen Gleichungssystems muss die Anzahl m der Gleichungen (Zeilenanzahl) gleich der Anzahl n gesuchter Größen (Spaltenanzahl) sein. Auch darf keine der Gleichungen während des Lösens des Gleichungssystemes entfallen[11] (vgl. Seite 63) oder auf einen Widerspruch (vgl. Seite 63) führen.

Eine Matrix, deren Zeilenanzahl gleich ihrer Spaltenanzahl ist, heißt *quadratische Matrix*. Die Menge aller n-zeiligen quadratischen Matrizen, die eindeutig und nichtleer lösbare Gleichungssysteme beschreiben, heißt *Menge der eindeutig invertierbaren Matrizen, General Linear Group* $Gl_n(K)$.[12]

---

[10] Die einzelnen Absolutgliedspalten lassen sich am Einfachsten als alternative Spalten interpretieren, so dass für unterschiedliche Situationen – die unterschiedlichen Absolutgliedspalten – das gleiche Gleichungssystem beschrieben wird.

[11] Entfällt eine Gleichung, so sind die Zeilen des Gleichungssystems linear Abhängig, vgl. Seite 19ff

[12] Es ist nur die englischsprachige Bezeichnung im Gebrauch.

Im Folgenden seien nun ausschließlich die eindeutig invertierbaren Matrizen

$$A=\begin{pmatrix} a_{11} & a_{12} & \cdots & a_{1n} \\ a_{21} & a_{22} & \cdots & a_{2n} \\ \vdots & \vdots & & \vdots \\ a_{n1} & a_{n2} & \cdots & a_{nn} \end{pmatrix} \in Gl_n(K)$$

betrachtet.

Wird nun noch die Matrix b der Absolutglieder zur Einheitsmatrix E gewählt (vgl. Seite 106), also

$$E=\begin{pmatrix} \mathbf{1} & 0 & \ldots & 0 \\ 0 & \mathbf{1} & \ldots & 0 \\ \vdots & \vdots & \ddots & \\ 0 & 0 & & \mathbf{1} \end{pmatrix}$$

ergibt die Lösung des zugehörigen linearen Gleichungssystems

$$Ax=E$$

$$\begin{array}{llllllll} \text{I} & a_{11}x_{1j} & +a_{12}x_{2j} & +\ldots & +a_{1n}x_{nj} & = & 1 \quad 0 \quad \ldots & 0 \\ \text{II} & a_{21}x_{1j} & +a_{22}x_{2j} & +\ldots & +a_{2n}x_{nj} & = & 0 \quad 1 \quad \ldots & 0 \\ \vdots & \vdots & \vdots & & \vdots & & \vdots \quad \vdots \quad \ddots & \\ \text{N} & a_{n1}x_{1j} & +a_{n2}x_{2j} & +\ldots & +a_{nn}x_{nj} & = & 0 \quad 0 & 1 \end{array}$$

wieder eine quadratische Matrix

$$x=\begin{pmatrix} x_{11} & x_{12} & \cdots & x_{1n} \\ x_{21} & x_{22} & \cdots & x_{2n} \\ \vdots & \vdots & & \vdots \\ x_{n1} & x_{n2} & \cdots & x_{nn} \end{pmatrix} \in Gl_n(K).$$

Diese Matrix heißt *inverse Matrix* zu A, oder *Kehrmatrix* von A. Sie wird zumeist über den Matrixnamen mit dem Exponenten (-1) dargestellt:

$$x=A^{-1}.$$

Die inverse Matrix A^{-1} zu einer Matrix A wird also mittels der Einheitsmatrix E definiert:

> Gilt $AA^{-1}=E$ für $A;A^{-1} \in Gl_n(K)$; E: Einheitsmatrix, so heißt A^{-1} inverse Matrix zu A

Zur Ermittlung der inversen Matrix A^{-1} einer Matrix A ergibt sich damit ein einfaches Vorgehen:

Schreibe das Tableau aus der Matrix A (als Koeffizientenmatrix) und der Einheitsmatrix E (als Absolutgliedmatrix)

$$A|E$$

und löse das Gleichungssystem.

4.2.B Beispiel zur Ermittlung einer Kehrmatrix

Es sei eine quadratische Matrix A gegeben mit

$$A = \begin{pmatrix} 2 & 4 \\ 20 & 10 \end{pmatrix}.$$

Zur Ermittlung der inversen Matrix zur Matrix A wird das zugehörige Gleichungssystem aus der Matrix A und der Einheitsmatrix E als Tableau geschrieben

$$\begin{array}{lrr|rr} \text{I} & 2 & 4 & 1 & 0 \\ \text{II} & 20 & 10 & 0 & 1 \end{array}$$

und gelöst. Es ergibt sich

$$\begin{array}{lrr|rr} \text{I} & 1 & 0 & -\frac{1}{6} & \frac{1}{15} \\ \text{II} & 0 & 1 & \frac{1}{3} & -\frac{1}{30} \end{array}$$

also die inverse Matrix zu

$$A^{-1} = \begin{pmatrix} -\frac{1}{6} & \frac{1}{15} \\ \frac{1}{3} & -\frac{1}{30} \end{pmatrix}.$$

4.2.1 Übungsaufgabe zur Ermittlung der Kehrmatrix

Es sei die quadratische Matrix A gegeben mit

$$A = \begin{pmatrix} 2 & -4 & 8 & 4 \\ 0 & 4 & 4 & 2 \\ 0 & 8 & 2 & -2 \\ 0 & 4 & -2 & 8 \end{pmatrix}.$$

Die inverse Matrix A^{-1} dieser Matix sei zu ermitteln.

Lösung Seite 151

4.3 Ermittlung der Koeffizienten einer Polynomfunktion

Das Problem: Für eine Polynomfunktion seien die Koeffizienten aus gegebenen Punkten zu ermitteln.

4.3.B Beispiel zur Ermittlung der Koeffizienten einer Polynomfunktion

Von einer Polynomfunktion 2. Grades, also

$$f: y = a_2x^2 + a_1x + a_0$$

seien die Koeffizienten $a_2; a_1; a_0$ aus den gegebenen Punkten, gemäß der Wertetabelle

x	−1	2	4
y	0	−42	−50

zu ermitteln.

4.3.1 Einsetzen bekannter Daten in die allgemeine Funktionsgleichung

Zunächst wird jeder bekannte Datenpunkt, also der Tupel aus der Stelle x_i und dem Funktionswert y_i in die Funktionsgleichung eingesetzt. Insgesamt werden hierfür so viele Punkte verwendet, wie unbekannte Koeffizienten zu ermitteln sind.[13]

Die Gleichungen werden sodann vereinfacht.

D.h.: Ein jeder Datenpunkt $(x_i; y_i)$ wird in die Funktionsgleichung

$$f: y = a_nx^n + \ldots + a_2x^2 + a_1x + a_0$$

eingesetzt

$$y_i = a_n(x_i)^n + \ldots + a_2(x_i)^2 + a_1(x_i) + a_0.$$

---

[13] Die häufig benötigte Ermittlung der Koeffizienten einer Polynomfunktion aus statistischen Messdaten, mit erheblich mehr Messpunkten als Koeffizienten zu ermitteln sind, wird hier nicht besprochen. Es wird auf die Literatur zur Statistik, etwa HELGE NORDMANN *'Statistik und Wahrscheinlichkeit – leicht gemacht'* verwiesen.

Eine Berechnung der Potenzen der eingesetzten Stellen $(x_i)^k$ ergibt die Koeffizienten $b_k = (x_i)^k$ der gesuchten Koeffizienten a_i der Polynomfunktion:

$$y_i = \mathbf{b}_n a_n + \ldots + \mathbf{b}_2 a_2 + \mathbf{b}_1 a_1 + a_0.$$

4.3.1.B Beispiel zum Einsetzen bekannter Daten in die allgemeine Funktionsgleichung

Es seien die Koeffizienten der quadratischen Polynomfunktion des obigen Beispiels zu ermitteln. Es sind 3 Koeffizienten $a_2; a_1; a_0$ zu ermitteln und folglich 3 Gleichungen aufzustellen.

In die Polynomfunktion

$$f\colon y = a_2 x^2 + a_1 x + a_0$$

wird zunächst der erste bekannte Punkt $(-1; 0)$ eingesetzt

$$0 = a_2(-1)^2 + a_1(-1) + a_0$$

und die Gleichung dann weitestgehend vereinfacht

I $\qquad 0 = \mathbf{1}a_2 - \mathbf{1}a_1 + a_0$

Entsprechend wird der zweite Punkt $(2; -42)$ eingesetzt:

$$-42 = a_2(2)^2 + a_1(2) + a_0$$

II $\qquad -42 = \mathbf{4}a_2 + \mathbf{2}a_1 + a_0.$

Schließlich liefert der dritte Punkt $(4; -50)$:

$$-50 = a_2(4)^2 + a_1(4) + a_0$$

III $\qquad -50 = \mathbf{16}a_2 + \mathbf{4}a_1 + a_0.$

4.3.2 Darstellung des Gleichungssystems

Die aufgestellten Gleichungen

$$y_i = \mathbf{b}_n a_n + \ldots + \mathbf{b}_2 a_2 + \mathbf{b}_1 a_1 + a_0$$

bilden ein lineares Gleichungssystem. Zur Vorbereitung der Lösung des Gleichungssystems wird dieses in seine Normalform überführt. Dazu werden die Absolutglieder auf der rechten Seite einer jeden Gleichung angeordnet und die Gleichungen unter einander aufgeschrieben.

Vorteilhaft ist es, die Gleichungen in umgekehrter Sortierung, also

$$\mathbf{1}a_0 + \boldsymbol{b}_1 a_1 + \boldsymbol{b}_2 a_2 + \ldots + \boldsymbol{b}_n a_n = y_i$$

aufzuschreiben. Diese Sortierung hat zum Einen den Vorteil der übersichtlichen Sortierung der gesuchten Größen und zum Anderen den Vorteil besonders einfacher Koeffizienten in den ersten Unbekanntenspalten.[14]

4.3.2.B Beispiel zur Aufstellung des Gleichungssystems

Es seien die Gleichungen

I $\quad 0 = \mathbf{1}a_2 - \mathbf{1}a_1 + a_0$

II $\quad -42 = \mathbf{4}a_2 + \mathbf{2}a_1 + a_0.$

III $\quad -50 = \mathbf{16}a_2 + \mathbf{4}a_1 + a_0.$

des obigen Beispiels bereits gegeben.

Die Gleichungen werden zu einem Gleichungssystem zusammen gefasst und in umgekehrter Sortierung dargestellt:

I	$1a_0$	$-1a_1$	$+1a_2$	=	0
II	$1a_0$	$+2a_1$	$+4a_2$	=	−42
III	$1a_0$	$+4a_1$	$+16a_2$	=	−50

4.3.3 Lösung des Gleichungssystems

Das Gleichungssystem wird gelöst und die Polynomfunktion angegeben.

Weiter mit Kapitel 5

[14] Dieses führt in der manuellen Rechnung auf einen geringeren Rechenaufwand.

4.3.3.B Lösung des Beispiels zur Ermittlung der Koeffizienten einer Polynomfunktion

Für das obige Beispiel zur Ermittlung der Koeffizienten einer Polynomfunktion, wurde bereits das zugehörige Gleichungssystem aufgestellt:

$$\begin{array}{llllll} \text{I} & 1a_0 & -1a_1 & +1a_2 & = & 0 \\ \text{II} & 1a_0 & +2a_1 & +4a_2 & = & -42 \\ \text{III} & 1a_0 & +4a_1 & +16a_2 & = & -50 \end{array}$$

Dieses System hat die Lösung

$$\begin{aligned} a_0 &= -18 \\ a_1 &= -16 \\ a_2 &= 2 \end{aligned}$$

so dass sich die gesuchte Polynomfunktion angeben lässt mit

$$f\colon y = 2x^2 - 16x - 18.$$

$

4.3.4 Übungsaufgabe zur Ermittlung der Koeffizienten einer Polynomfunktion

Von einer Polynomfunktion 3. Grades, also

$$f\colon y = a_3x^3 + a_2x^2 + a_1x + a_0$$

seien die Koeffizienten $a_3; a_2; a_1; a_0$ aus den gegebenen Punkten, gemäß der Wertetabelle

x	−2	0	2	4
y	20	4	4	−28

zu ermitteln.

Lösung Seite 155

4.4 Berechnung der Lagerkräfte in einem statischen System

Das Problem: In einem statischen System mit angreifenden Kräften, Lagern und eventuell Gelenken seien die Lagerkräfte zu berechnen.

Achtung: Die Berechnung von Lagerkräften führt für nicht statische Systeme, nicht notwendigerweise auf leere Lösungen, da die Eigenschaft des Statisch-Seiens vorausgesetzt wird! (Vgl. Seite 44ff)

4.4.B Beispiel zur Berechnung der Lagerkräfte in einem statischen System

Es sei das nachfolgend skizzierte statische System mit dem festen Lager A, das auch Momente aufnehmen kann, einem Gelenk G, das Kräfte in allen Dimensionen aufnehmen kann, einem schrägen Loslager B und den angreifenden Kräften F_1 und F_2 gegeben:

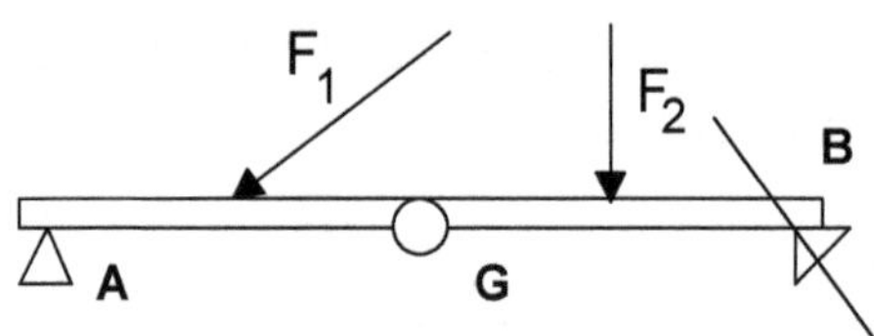

Dabei seien die angreifenden Kräfte (nach unten wirkend):

$$F_1 = -150kN \qquad F_2 = -80kN,$$

die Kraft F_1 bilde mit der Horizontalen einen Winkel

$$\varphi_1 = 30°.$$

Die vertikalen Entfernungen von Lager A seien ausnahmslos gleich Null und die horizontale Entfernungen vom Lager A seien:

F_1: $s_1 = 1m$

F_2: $s_2 = 3m$

G: $s_G = 2m$

B: $s_B = 4m.$

Zu berechnen seien die Lager- und Gelenkkräfte.

4.4.1 Festlegung des Koordinatenursprungs

Durch die Bemaßung des Systems ist zumeist schon die Lage des Koordinatensystems gegeben. Es wird ein Koordinatenursprung an beliebigem Ort gewählt.[15] Die positive Achsenrichtung (nach rechts, nach oben) und die positive Drehrichtung (gegen den Uhrzeigersinn) werden festgelegt.

4.4.1.B Beispiel zur Festlegung des Koordinatenursprungs

Es sei das statische System aus 4.4.B gegeben. Der Ursprung des Koordinatensystems wird in Lager A gewählt, in die Skizze jedoch links unterhalb dieses Lagers eingetragen, so dass eine Bemaßung

[15] Ist der Koordinatenursprung nicht vorgegeben, wird empfohlen, den weitest links unten liegenden Kraftangriffspunkt als Ursprung zu wählen, so dass sich möglichst viele positive Maße ergeben. Dieses erleichtert das Aufstellen des Gleichungssystems.

problemlos möglich wird. Die positiven Achsenrichtungen und die positive Drehrichtung werden ebenfalls festgelegt und eingetragen:

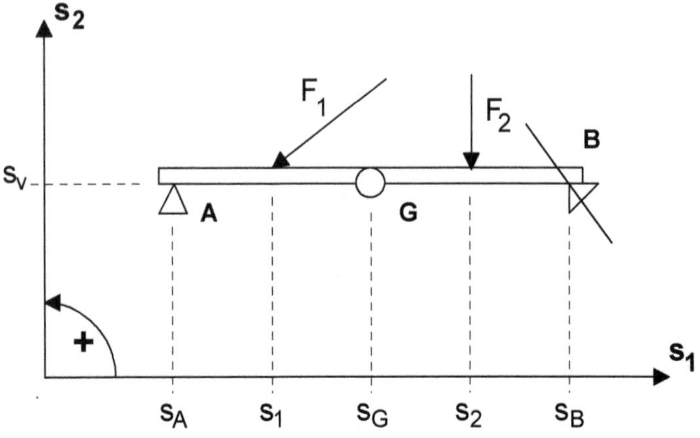

4.4.2 Zerlegung aller Kräfte in ihre Komponenten der Dimensionen

Ist eine schräg unter einem Winkel φ_i zu den Koordinatenachsen angreifende Kraft F von ihrem Betrage $\|F\|$ (*EUKLIDische Norm*) gegeben, so sind ihre Komponenten F_i in Achsenrichtungen zu berechnen gemäß:

$$F_i = \|F\| \cos(\varphi_i)$$

4.4.2.B Beispiel zur Zerlegung von Kräften in Komponenten der Dimensionen

Es sei das statische System aus 4.4.B gegeben.

Die Kraft F_1 greift unter einem Winkel $\varphi_1 = 30°$ zur ersten Achse, nach unten wirkend, an. Unter Berücksichtigung des Vorzeichens der Kraft ist also ihr Betrag $\|F\| = 150kN$, ihr Winkel zur ersten Achse $\varphi_1 = 210°$ und ihr Winkel zur zweiten Achse $\varphi_2 = 120°$.

Ihre Komponenten bezüglich der Achsen errechnen sich dann zu

$$F_{11} = \|F\| \cos(\varphi_1) \qquad F_{12} = \|F\| \cos(\varphi_2)$$

$$F_{11} = 150 \cdot 10^3 N \cos(210°) \qquad F_{12} = 150 \cdot 10^3 N \cos(120°)$$

$$F_{11} = -129{,}9 \cdot 10^3 N \qquad F_{12} = -75 \cdot 10^3 N.$$

4.4.3 Eintragung aller Lager- und Gelenkkräfte

Es werden alle Lager- und Gelenkkräfte in achsenparalleler Lage eingetragen und benannt. Dabei ist das Folgende zu beachten:

- An die festen Lager werden die Lagerkräfte in positiven Achsenrichtungen in allen Dimensionen eingetragen.
- An die losen Lager werden nur die Kräfte eingetragen, die das Lager aufnehmen kann, falls die Kraftrichtung mit der Achsenrichtung übereinstimmt. Anderenfalls sind auch hier die Lagerkräfte in allen Achsenrichtungen einzutragen.
- Nimmt ein Lager Momente auf, so sind auch diese einzutragen (positive Zählrichtung – gegen den Uhrzeigersinn – beachten).
- Gelenke können sehr unterschiedlich konstruiert sein. Einige nehmen Kräfte in allen Richtungen auf, andere wiederum nur in einer Richtung (z.B.: ein lose aufliegender Balken). Hier gilt das für lose Lager Gesagte.
- An Gelenken werden Kräfte links- und rechtsseitig, mit umgekehrten Richtungen eingetragen.

4.4.3.B Beispiel zur Eintragung aller Lager- und Gelenkkräfte

Es sei das statische System aus 4.4.B gegeben.

In Lager A greifen sowohl horizontale, wie auch vertikale Kräfte an. Lager B nimmt horizontale und vertikale, miteinander verknüpfte Kräfte auf und das Gelenk G nimmt Kräfte in allen Dimensionen auf:

Die Bezeichnungen werden festgelegt, es seien:

x_1:	Die horizontale Kraft in Lager A
x_2:	Die vertikale Kraft in Lager A
x_3:	Das Moment in Lager A
x_4:	Die horizontale Kraft in Gelenk G
x_5:	Die vertikale Kraft in Gelenk G
x_6:	Die horizontale Kraft in Lager B
x_7:	Die vertikale Kraft in Lager B

Die Bezeichnungen werden in die Skizze eingetragen:

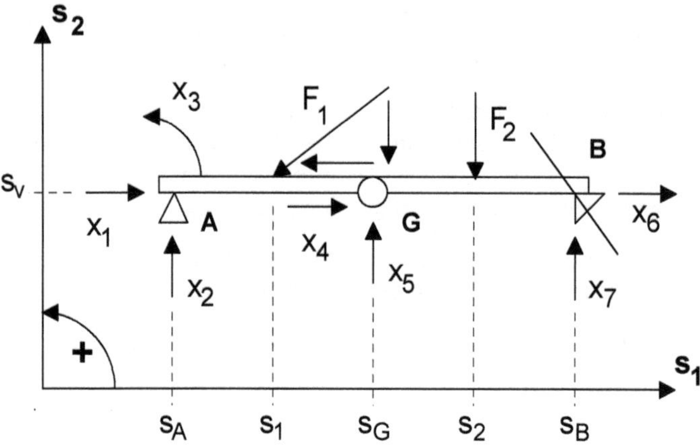

4.4.4 Aufstellung des Gleichungssystems

4.4.4.1 Anwendung der Gleichgewichtsbedingung für Kräfte in Richtung der ersten Dimension

Da die Summe aller Kräfte in einer jeden Dimension stets Null ergeben muss (andernfalls würde das System beschleunigt, wäre also nicht statisch), ergibt sich die Gleichgewichtsbedingung zu:

$$\sum_j F_{ij} = 0 \qquad ; i \in \mathbb{N} \setminus \{0\};\ i\text{:Dimension}$$

Dabei ist zu beachten, dass Gelenke eine Begrenzung eines Systems darstellen, so dass diese Gleichgewichtsbedingung für jedes Teilsystem bis zu einem Gelenk anzuwenden ist.

Die Gelenkkräfte sind dann in beiden Systemen, jedoch mit entgegengesetzten Vorzeichen, zu verwenden.

Das heißt: Es seien S_1, S_2 zwei Systeme mit den Kräften

F_{i1j} im System S_1
F_{i2j} im System S_2

und der Gelenkkraft x_G, dann gilt im System S_1

$$\sum_j F_{i1j} + x_G = 0$$

und im System S_2

$$\sum_k F_{i2k} - x_G = 0.$$

4.4.4.1.B Beispiel für die Anwendung der Gleichgewichtsbedingung für Kräfte in der ersten Dimension

Es sei das statische System aus 4.4.B mit dem Gelenk G, den angreifenden Kräften F_1; F_2 sowie den Lagerkräften $x_1; x_2; x_6; x_7$, dem Moment x_3 und den Gelenkkräften $x_4; x_5$ gegeben.

Im System S_1 wirken die horizontalen Kräfte $x_1; x_4$ und $F_{11} = -129{,}9 kN$, es gilt:

$$x_1 + x_4 + F_{11} = 0$$

I $\qquad x_1 + x_4 - 129{,}9 \cdot 10^3 = 0$

Im System S_2 wirken die horizontale Lagerkraft x_6 und die horizontale Gelenkkraft x_4. Da die Kraft x_4 aber im System S_1 schon positiv verwendet wurde, ist sie im System S_2 negativ zu verwenden, somit gilt:

II $\qquad -x_4 - x_6 = 0$

4.4.4.2 Anwendung der Gleichgewichtsbedingung für Kräfte in der zweiten Dimension

Für die Kräfte in der zweiten (und ggf. dritten) Dimension gelten die gleichen Regeln, wie für die Kräfte in der ersten Dimension. Es ist also wie im vorigen Abschnitt vorzugehen, mit dem Unterschied, dass statt der Kräfte in der ersten Dimension, die Kräfte in der zweiten (dritten) Dimension zu verwenden sind.

4.4.4.2.B Beispiel für die Anwendung der Gleichgewichtsbedingung für Kräfte in der zweiten Dimension

Es sei das statische System aus 4.4.B gegeben. Die vertikalen Kräfte im System S_1 sind $x_2; x_5$ und $F_{12} = -75kN$. Es ergibt sich also

$$x_2 + x_5 + F_{12} = 0$$

III $$x_2 + x_5 - 75 \cdot 10^3 = 0$$

Im System S_2 wirken die vertikalen Kräfte $x_5; x_7$ und $F_2 = -80kN$. Damit ergibt sich unter Berücksichtigung, dass x_5 als Gelenkkraft im System S_1 positiv verwendet wurde:

$$-x_5 + x_7 + F_2 = 0$$

IV $$-x_5 + x_7 - 80 \cdot 10^3 = 0.$$

4.4.4.3 Aufstellung der Kraftgleichungen für verknüpfte Kräfte

Nimmt ein loses Lager oder ein Gelenk **schräge** (d.h.: nicht achsenparallele) Kräfte auf, so sind diese Kräfte miteinander verknüpft. Da für jede Kraftkomponente F_i in der i-ten Dimension gilt

$$F_i = \|F\| \cos(\varphi_i),$$

folgt durch Umstellen und Gleichsetzen:

$$\frac{1}{\cos(\varphi_i)} F_i = \frac{1}{\cos(\varphi_{i+1})} F_{i+1}$$

Das heißt: Für jedes lose Lager oder Gelenk mit **schräg** wirkenden Kräften wird eine Verknüpfungsgleichung aufgestellt gemäß:

$$\frac{1}{\cos(\varphi_i)} F_i - \frac{1}{\cos(\varphi_{i+1})} F_{i+1} = 0$$

4.4.4.3.B Beispiel für die Aufstellung einer Kraftgleichung für verknüpfte Kräfte

Es sei das statische System aus 4.4.B gegeben.

Das lose Lager B nimmt schräg wirkende Kräfte auf. Die Lagerkraft x_6 bildet zur ersten Achse einen Winkel $\varphi_1 = 135°$ und die Lagerkraft x_7 bildet zur zweiten Achse einen Winkel $\varphi_2 = 45°$.

Also gilt:

$$\frac{1}{\cos(135°)} x_6 - \frac{1}{\cos(45°)} x_7 = 0$$

$$\vee \quad -1{,}414\, x_6 - 1{,}414\, x_7 = 0.$$

4.4.4.4 Anwendung der Gleichgewichtsbedingung für Momente

Da das System statisch ist, wird es auch nicht in Rotation versetzt. Also muss die Summe aller Momente um einen beliebigen Punkt stets Null sein.

Das heißt: In einem statischen System S gilt in jedem Punkt P für die Momente M_j

$$\sum_j M_j = 0$$

und da das Moment M_j das Produkt aus dem Hebel s vom Drehpunkt P_k zum Kraftangriffspunkt P_j und der auf dem Hebel senkrecht stehenden Kraft F_j ist,[16] gilt für jedes Moment M_j um den Punkt P_k

$$M_j = \left(s_j - s_k\right) F_j.$$

Es werden für mindestens so viele Punkte Momentengleichungen aufgestellt, wie noch Gleichungen benötigt werden. Die Gesamtgleichungsanzahl sollte mindestens so groß sein, wie die Anzahl der Unbekannten, kann aber erheblich größer sein.

Dabei ist zu beachten:

- Lager, die selbst Momente aufnehmen, erzeugen kein Moment **um andere Punkte**. Sie bleiben also bei der Aufstellung der Momentengleichungen unberücksichtigt.
- Gelenke übertragen keine Momente. Es sind also nur Momente jeweils eines Systems zu verwenden.

---

[16] In der vektoriellen Darstellung ist dieses das *Kreuzprodukt*.

- Die Momente **um ein Gelenk** werden jeweils nur aus einem System verwendet. Es lassen sich also 'links- und rechtsseitige' Momentengleichungen um ein Gelenk aufstellen.
- Besteht ein statisches System aus **mehreren Teilsystemen** (das heißt: es enthält Gelenke), so ist für **jedes** Teilsystem mindestens eine Momentengleichung aufzustellen.

4.4.4.4.B Beispiel für die Anwendung der Gleichgewichtsbedingung für Momente

Es sei das statische System aus 4.4.B gegeben

Auf das Lager A wirken die Momente $(s_1 - s_A)F_{12}$; $(s_G - s_A)x_5$ sowie das von Lager A aufgenommene Moment x_3. Unter Berücksichtigung der Drehrichtungen ergibt sich:

$$x_3 + (s_G - s_A)\,x_5 + (s_1 - s_A)\,F_{12} = 0$$

VI $$x_3 + 2\,x_5 - 75 \cdot 10^3 = 0.$$

Für das Gelenk G wird linksseitig keine Gleichung aufgestellt, da das Lager A selbst Momente aufnimmt und daher kein Moment um das Gelenk G erzeugt.

Um das Gelenk G wirken rechtsseitig die Momente $(s_B - s_G)x_7$ und $(s_2 - s_G)F_2$ (außerdem noch $0x_6$). Es ergibt sich unter Berücksichtigung der Drehrichtungen:

$$(s_B - s_G)\,x_7 + (s_2 - s_G)\,F_2 = 0$$

VII $$2\,x_7 - 80 \cdot 10^3 = 0$$

Damit ist dann auch für jedes Teilsystem eine Momentengleichung aufgestellt

Weiter mit Kapitel 5

Anmerkung:
Die Zusammenfassung der Gleichungen I...VII des Beispiels 4.4.B zu einem Gleichungssystem (vergleiche Kapitel 3ff) liefert:

I	$+1x_1$	$+0x_2$	$+0x_3$	$+1x_4$	$+0x_5$	$+0x_6$	$+0x_7$	$=$	$129,9k$
II	$+0x_1$	$+0x_2$	$+0x_3$	$-1x_4$	$+0x_5$	$+1x_6$	$+0x_7$	$=$	$0k$
III	$+0x_1$	$+1x_2$	$+0x_3$	$+0x_4$	$+1x_5$	$+0x_6$	$+0x_7$	$=$	$75k$
IV	$+0x_1$	$+0x_2$	$+0x_3$	$+0x_4$	$-1x_5$	$+0x_6$	$+1x_7$	$=$	$80k$
V	$+0x_1$	$+0x_2$	$+0x_3$	$+0x_4$	$+0x_5$	$-1,414x_6$	$-1,414x_7$	$=$	$0k$
VI	$+0x_1$	$+0x_2$	$+1x_3$	$+0x_4$	$+2x_5$	$+0x_6$	$+0x_7$	$=$	$75k$
VII	$+0x_1$	$+0x_2$	$+0x_3$	$+0x_4$	$+0x_5$	$+0x_6$	$+2x_7$	$=$	$80k$

mit den Lösungen:

horizontale Kraft in Lager A: $x_1 = 169,9\,kN$
vertikale Kraft in Lager A: $x_2 = 115,0\,kN$
Moment in Lager A: $x_3 = 155,0\,kNm$
horizontale Kraft in Gelenk G: $x_4 = -40,00\,kN$
vertikale Kraft in Gelenk G: $x_5 = -40,00\,kN$
horizontale Kraft in Lager B: $x_6 = -40,00\,kN$
vertikale Kraft in Lager B: $x_7 = 40,00\,kN$

4.4.5 Übungsaufgabe zur Berechnung von Lagerkräften

Eine Veranda mit Dachträgern und Stützen sei als Fachwerkkonstruktion ausgeführt. Zur Dimensionierung der Stützen werde eine Dachlast (etwa Schnee) in vertikaler Richtung angenommen, die für diese Aufgabenstellung als punktförmig angreifend angenommen werden kann. Aus konstruktiven Gründen werde ein Verbindungspunkt des Dachträgers mit den Stützen als beweglich (Gelenk) aber kraftübertragend ausgeführt.

Zusätzlich greife horizontal eine Windkraft an, die ebenfalls als punktangreifend angesehen werde.

Eine Verankerung finde ebenerdig, mit zwei festen Lagern statt. Die Lager seien konstruktiv nicht momentenaufnehmend:[17]

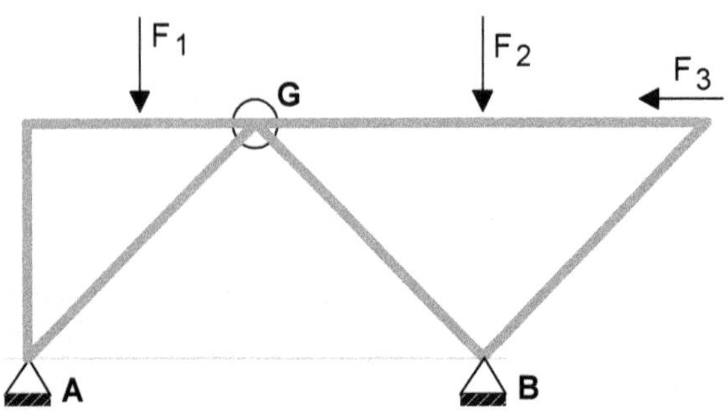

Die angreifenden Kräfte seien

$$F_1 = 10,00\,kN$$

$$F_2 = 20,00\,kN$$

$$F_3 = 15,00\,kN.$$

Die Konstruktion habe eine Höhe

$$s_V = 2m$$

Der Kraftangriffspunkt der ersten Kraft liege in einem Abstand

$$s_1 = 1\,m$$

und der Angrifspunkt der zweiten Kraft in einem Abstand

$$s_2 = 4\,m$$

vom linken Lager. Das Gelenk sei im Abstand

$$s_G = 2\,m$$

vom linken Lager und das rechte Lager im Abstand

$$s_B = 4\,m$$

vom linken Lager angeordnet.

---

[17] 44Variationen dieser Aufgabe, mit etwa Windsog oder einer gelenkfreien Verbindung und insbesondere der statisch nicht bestimmten Ausführung mit einem festen Lager A und einem losen Lager B, seien dem Leser; der Leserin überlassen.

Die Lager- und Gelenkkräfte seien zu ermitteln.

Lösung Seite 159

4.5 Berechnung der Strebenkräfte in einem statischen System

Das Problem: In einem statischen System seien die Kräfte in allen Streben zu berechnen.

4.5.B Beispiel zur Berechnung der Strebenkräfte in einem statischen System

Es sei eine Tragwerkskonstruktion (Fachwerk) gemäß (nicht maßstäblicher) Skizze gegeben

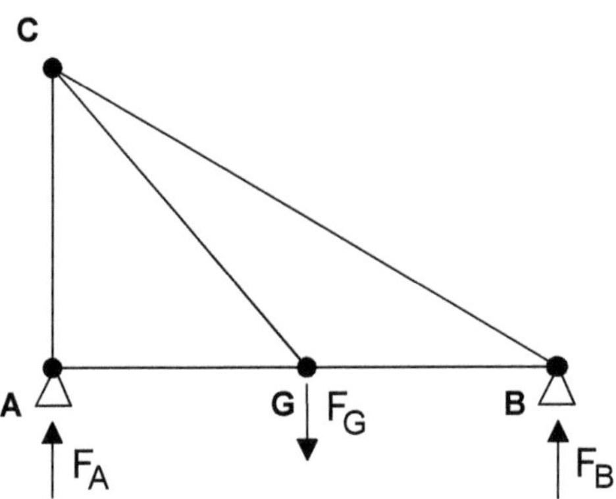

mit den angreifenden Kräften

$$F_A = 40kN;\ F_G = -120kN;\ F_B = 80kN$$

und den Entfernungen von Lager A

in horizontaler Richtung zum Kraftangriffspunkt G: $s_{G1} = 10m$

in horizontaler Richtung zum Lager B: $s_{B1} = 15m$

in vertikaler Richtung zum Knotenpunkt C: $s_{C2} = 8m$.

Die bereits berechneten Lagerkräfte F_A und F_B halten das System im Gleichgewicht (vergleiche Abschnitt 4.4). Zu berechnen seien die Kräfte in den Streben.

4.5.1 Festlegung des Koordinatensystems

Durch die Bemaßung des Systems ist zumeist schon die Lage des Koordinatensystems gegeben.

Es wird ein Koordinatenursprung an einem beliebigen Ort gewählt. Die positiven Achsenrichtungen (nach rechts, nach oben) werden festgelegt.

4.5.1.B Beispiel zur Festlegung des Koordinatensystems

Es sei das statische System aus 4.5.B gegeben.

Der Koordinatenursprung wird in Lager A gewählt, aus Gründen der Übersichtlichkeit jedoch links unterhalb des Lagers A in die Skizze eingetragen. Die erste Achse wird parallel zum System AB gelegt. Dadurch ist eine problemlose Bemaßung möglich:

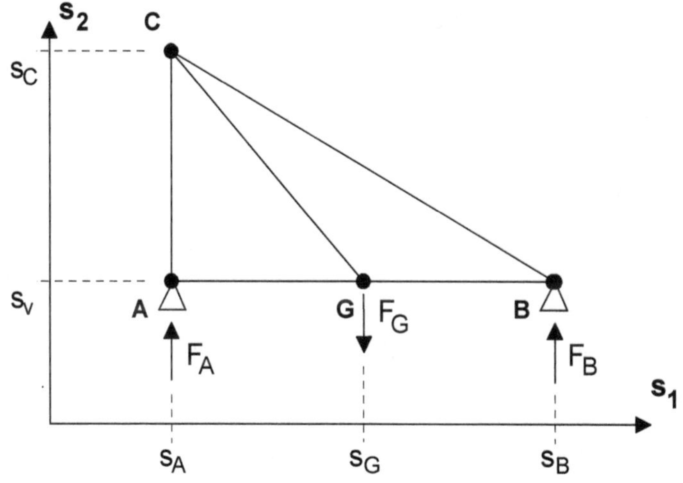

4.5.2 Eintragung aller Strebenkräfte

In die grafische Darstellung des statischen Systems werden alle Strebenkräfte als **Druck**kräfte eingetragen und benannt. Dabei ist zu beachten, dass die Kräfte an den beiden Enden einer Strebe in entgegen gesetzter Richtung eingetragen werden.

4.5.2.B Beispiel zur Eintragung aller Strebenkräfte

Es sei das statische System aus 4.5.B gegeben.

Die Strebenkräfte werden benannt, es seien:

x_1: Die Druckkraft in Strebe AG
x_2: Die Druckkraft in Strebe AC
x_3: Die Druckkraft in Strebe GB
x_4: Die Druckkraft in Strebe GC
x_5: Die Druckkraft in Strebe BC

Die Kräfte werden in die grafische Darstellung des Systems eingetragen:

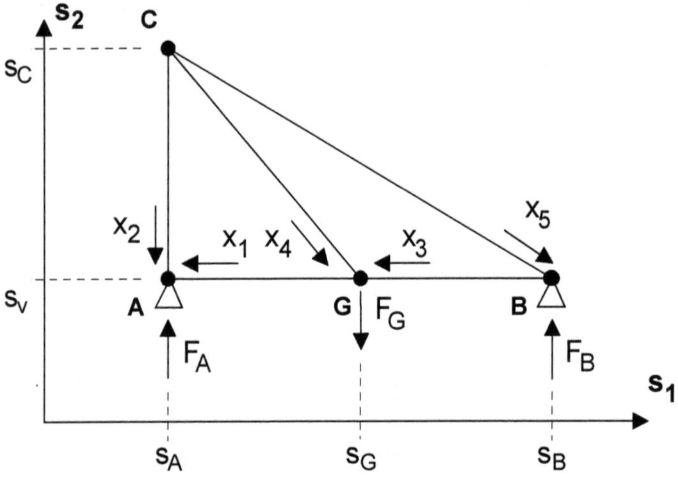

4.5.3 Zerlegung der Strebenkräfte in Komponenten bezüglich der Koordinatenachsen

Da die Streben (und damit die in ihnen wirkenden Kräfte) im Allgemeinen nicht achsenparallel liegen, sind ihre Komponenten bezüglich der Koordinatenachsen zu ermitteln. Dies geschieht am Einfachsten mit Hilfe des Strahlensatzes.

Das heißt: Es seien $\Delta s_1;\Delta s_2$ die Abstände zweier Punkte in Richtung der Koordinatenachsen, dann ist der Gesamtabstand $\|\Delta s\|$ (*EUKLIDische Norm*) beider Punkte

$$\|\Delta s\| = +\sqrt{\Delta s_1^2 + \Delta s_2^2}$$

Entsprechend gilt für die Strebenkraft x_j mit Ihren Kraftkomponenten $x_{j1};x_{j2}$:

$$x_j = +\sqrt{x_{j1}^2 + x_{j2}^2}$$

Mit dem Strahlensatz folgt dann für die *i*-te Komponente der Kraft x_j:

$$x_{ji} = \frac{\Delta s_i}{+\sqrt{\Delta s_1^2+\Delta s_2^2}}\, x_j \quad ; \|\Delta s\| \neq 0$$

oder kurz:

$$x_{ji} = \frac{\Delta s_i}{\|\Delta s\|}\, x_j \quad ; \|\Delta s\| \neq 0.$$

4.5.3.B Beispiel für die Zerlegung der Strebenkräfte in Komponenten bezüglich der Koordinatenachsen

Es sei das statische System aus 4.5.B gegeben.

Die Streben GC und BC liegen nicht achsenparallel, ihre Kraftkomponenten bezüglich der Koordinatenachsen werden ermittelt. Für die Strebe GC mit der Strebenkraft x_4 gilt:

$$x_{41} = \frac{(s_{G1}-s_{A1})}{+\sqrt{(s_{G1}-s_{A1})^2+(s_{G2}-s_{A2})^2}}\, x_4$$

$$x_{41} = \frac{(10m-0m)}{+\sqrt{(10m-0m)^2+(0m-8m)^2}}\, x_4$$

$$x_{41} = 0,7809\, x_4$$

$$x_{42} = \frac{(s_{G2}-s_{A2})}{+\sqrt{(s_{G1}-s_{A1})^2+(s_{G2}-s_{A2})^2}}\, x_4$$

$$x_{42} = \frac{(0m-8m)}{+\sqrt{(10m-0m)^2+(0m-8m)^2}}\, x_4$$

$$x_{42} = -0,6247\, x_4$$

Ein entsprechendes Vorgehen für die Strebe BC mit der Strebenkraft x_5 liefert

$$x_{51} = 0,8824\, x_5$$

$$x_{52} = -0,4706\, x_5 \quad \text{(diese Größe wird nicht benötigt)}$$

4.5.4 Aufstellung des Gleichungssystems

Es werden mindestens so viele Gleichungen aufgestellt, wie Strebenkräfte zu berechnen sind. Für jeden Punkt wird in jeder Dimension die Gleichgewichtsbedingung für Kräfte (die Summe aller Kräfte ist gleich Null) angewandt.

Das heißt: Für einen Punkt P mit den ansetzenden Streben PA; PB; ... und den zugehörigen Kraftkomponenten der i-ten Dimension $x_{1i}; x_{2i}$ gilt:

$$\sum_j x_{ji} = 0 \quad ; i\text{:Dimension}$$

Dabei sind natürlich die Vorzeichen (Orientierungen) der Kräfte zu beachten.

Anmerkung: Bei mehr als 5 Knotenpunkten kann es im zweidimensionalen Raum (mehr als 7 Punkte im dreidimensionalen Raum) vorkommen, dass es mehr Streben gibt, als Gleichungen aufgestellt werden können. In diesem Fall sind aber einige Streben nicht erforderlich und können daher entfallen.[18]

4.5.4.B Beispiel für die Aufstellung des Gleichungssystems

Es sei das statische System aus 4.5.B gegeben.

In Lager A greift in Richtung der ersten Koordinatenachse nur die Kraft x_1 (in negativer Richtung) an, also gilt

I $\quad -x_1 = 0$

[18] Diese zusätzlichen Streben werden ggf. eingefügt um andere Belastungsfälle, als die gerade betrachteten, zu berücksichtigen.

In Lager A greifen in Richtung der zweiten Koordinatenachse die Kraft x_2 sowie die Lagerkraft F_A an:

$$-x_2 + F_A = 0$$

II $\quad -x_2 + 40 \cdot 10^3 = 0$

Im Kraftangriffspunkt G greifen in Richtung der ersten Koordinatenachse die Kräfte $x_1; x_3; x_{41}$ an, es gilt also:

III $\quad x_1 - x_3 + 0,7809\, x_4 = 0$

Ein entsprechendes Vorgehen für Knoten G in der zweiten Dimension liefert:

$$-0,6247\, x_4 + F_G = 0$$

IV $\quad -0,6247\, x_4 - 120 \cdot 10^3 = 0$

Und für Lager B in der zweiten Dimension ergibt sich schließlich:

V $\quad x_3 + 0,8824\, x_5 = 0$

Weitere Gleichungen werden nicht benötigt da nur 5 Kräfte zu ermitteln sind, können aber zur Sicherheit (Aufdeckung von Rechenfehlern) aufgestellt werden.

Weiter mit Kapitel 5

Anmerkung: Die Gleichungen I...V des Beispiels 4.5.B werden zu einem Gleichungssystem zusammen gefasst, geordnet (vergleiche Kapitel 3ff) und gelöst:

I	$-1x_1$	$+0x_2$	$+0x_3$	$+0x_4$	$+0x_5$	=	$0k$
II	$+0x_1$	$-2x_2$	$+0x_3$	$+0x_4$	$+0x_5$	=	$-40k$
III	$+1x_1$	$+0x_2$	$-1x_3$	$+0,7809x_4$	$+0x_5$	=	$0k$
IV	$+0x_1$	$+0x_2$	$+0x_3$	$-0,6240x_4$	$+0x_5$	=	$120k$
V	$+0x_1$	$+0x_2$	$+1x_3$	$+0x_4$	$+0,8824x_5$	=	$0k$

mit den Lösungen:

Druckkraft in Strebe 1: $x_1 = 0kN$
Druckkraft in Strebe 2: $x_2 = 40kN$
Zugkraft in Strebe 3: $x_3 = -150kN$
Zugkraft in Strebe 4: $x_4 = -192,1kN$
Zugkraft in Strebe 5: $x_5 = -170,0kN$

$

4.5.5 Übungsaufgabe zur Ermittlung der Strebenkräfte in einem statischen System

Eine Veranda mit Dachträgern und Stützen sei als Fachwerkkonstruktion ausgeführt. Zur Dimensionierung der Stützen werde eine Dachlast in vertikaler Richtung angenommen, die für diese Aufgabenstellung als punktförmig angreifend angenommen werden könne. Aus konstruktiven Gründen werde ein Verbindungspunkt des Dachträgers mit den Stützen als beweglich (Gelenk) aber kraftübertragend ausgeführt.

Zusätzlich greife horizontal eine Windkraft an, die ebenfalls als punktangreifend angesehen werde.

Eine Verankerung finde ebenerdig, mit zwei festen Lagern statt. Die Lager seien konstruktiv nicht momentenaufnehmend ausgeführt.

Die angreifenden Kräfte seien ebenso gegeben mit

$$F_1 = -10,00\,kN$$

$$F_2 = -20,00\,kN$$

$$F_3 = -15,00\,kN,$$

wie die bereits errechneten Lager und Gelenkkräfte

$$F_{Ah} = 10,00\,kN$$

$$F_{Av} = 15,00\,kN$$

$$F_{Bh} = 5,00\,kN$$

$$F_{Bv} = 15,00\,kN$$

$F_{Gh} = -10,00\,kN$ (links vom Gelenk G nach links wirkend)

$F_{Gv} = -5,00\,kN$ (links vom Gelenk G nach unten wirkend).

Die Konstruktion habe eine Höhe

$$s_V = 2\,m$$

Der Kraftangriffspunkt der ersten Kraft liege in einem Abstand

$$s_1 = 1\,m$$

und der Angrifspunkt der zweiten Kraft in einem Abstand

$$s_2 = 4\,m$$

vom linken Lager. Das Gelenk sei im Abstand

$$s_G = 2\,m$$

vom linken Lager und das rechte Lager im Abstand

$$s_B = 4\,m$$

vom linken Lager angeordnet:

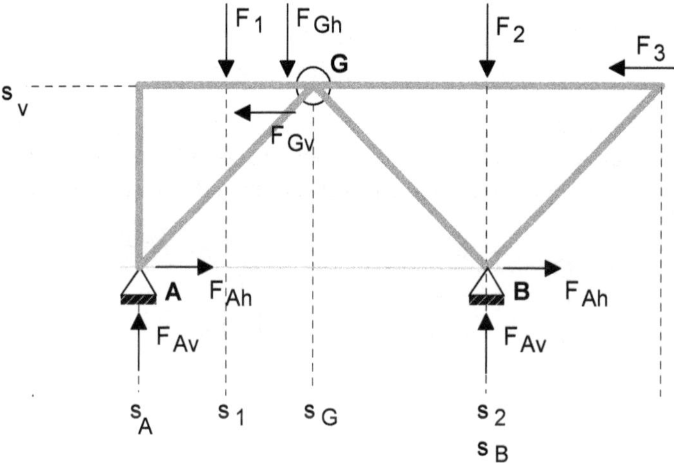

Die Strebenkräfte seien zu ermitteln.

Lösung Seite 166

4.6 Berechnung der Ströme in einem elektrischen Schaltkreis

Das Problem: In einem elektrischen Schaltkreis mit mehreren parallelen sowie in Reihe geschalteten reellen Widerständen seien alle Ströme zu berechnen.[19]

4.6.B Beispiel zur Berechnung der Ströme in einem elektrischen Schaltkreis

Es sei die nachfolgend skizzierte elektrische Schaltung mit den reellen Widerständen $R_1; ...; R_5$ und der anliegenden elektrischen Spannung U gegeben. Es seien alle Teilströme in den Stromzweigen zu ermitteln.

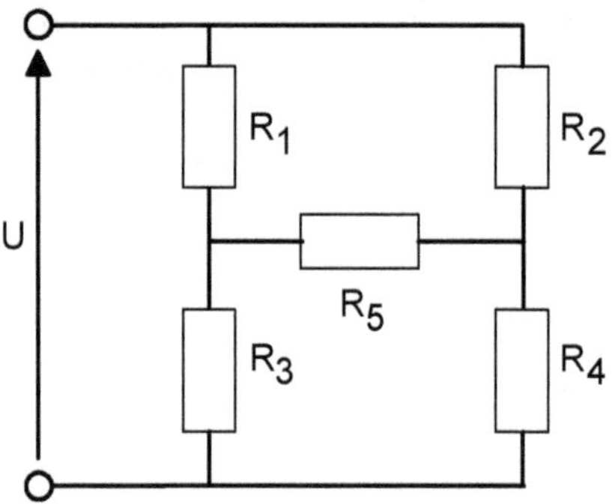

Die Widerstände R_i seien mit

$$R_1 = 10k\Omega$$
$$R_2 = 4,7k\Omega$$
$$R_3 = 5,6k\Omega$$
$$R_4 = 1,8k\Omega$$
$$R_5 = 860k\Omega$$

und die Spannung U mit

$$U = 12V$$

bemessen.

[19] Für komplexe Schaltungen sind zusätzlich die Regeln komplexer Zahlen zu beachten, das Vorgehen bleibt jedoch unverändert.

4.6.1 Festlegung der Bezeichnungen

Für jeden Widerstand R_j wird die an ihm anliegende Spannung U_j und der durch ihn fließenden Strom I_j bezeichnet und in den Schaltplan eingetragen. Dabei **kann** die positive Zählrichtung (Polarität) willkürlich angenommen werden und durch eine entsprechende Pfeilrichtung gekennzeichnet werden.

Das heißt: An jedem Widerstand R_j wird eine Spannung U_j und im Leiter hinter dem Widerstand ein Strom I_j mit Bezeichnung und Pfeil eingetragen.

Anmerkung: Es wird empfohlen die mathematische Sichtweise 'Der Pfeil zeigt in positive Richtung' zu übernehmen.

4.6.1.B Beispiel zur Festlegung der Bezeichnungen

Es sei die elektrische Schaltung aus 4.6.B gegeben.

An die Widerstände $R_1;...;R_5$ werden alle Spannungen $U_1;...;U_5$ mit ihrer (teilweise) bekannten Polarität eingetragen:

Hinter den Widerständen $R_1;...;R_5$ werden die durch sie fließenden Ströme $I_1;...;I_5$ in, durch die Spannungspfeile festgelegten, Stromrichtungen eingetragen:

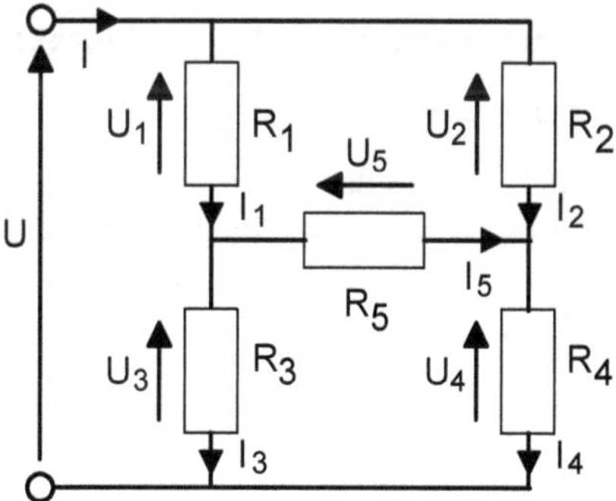

Damit sind alle benötigten Bezeichnungen festgelegt.

4.6.2 Aufstellung des Gleichungssystems

Um ein eindeutig lösbares Gleichungssystem zu erhalten werden genau so viele Gleichungen aufgestellt, wie Ströme zu ermitteln sind. Dabei werden die KIRCHHOFFschen Knoten- und Maschenregeln verwendet.

4.6.2.1 Anwendung der Knotenregel

In jeden Verbindungspunkt ('Knoten') mehrerer Widerstände fließt genau so viel Strom hinein, wie Strom aus ihm heraus fließt. Die Summe aller Teilströme ist also in jedem Knoten gleich Null.

Für jeden Knoten (der mindestens zwei Widerstände verbindet) wird eine Stromgleichung, in der die Summe aller Teilströme gleich Null ist, aufgestellt.

Das heißt: Es sei K ein Knoten mit den zufließenden Strömen $I_j; I_{j+1}; \ldots$ und den abfliessenden Strömen $I_k; I_{k+1}; \ldots$, dann gilt in diesem Knoten

$$I_j + I_{j+1} + \ldots - I_k - I_{k+1} - \ldots = 0$$

$$\boxed{\sum_j I_j - \sum_k I_k = 0}.$$

4.6.2.1.B Beispiel zur Anwendung der Knotenregel

Es sei das Beispiel aus 4.6.B gegeben.

Der Verbindungspunkt der Widerstände $R_1; R_3$ und R_5 ist ein Knoten mit mindestens zwei angeschlossenen Widerständen. In diesen Knoten fließt der Strom I_1 und aus ihm heraus fließen die Ströme I_3 sowie I_5. Es gilt also

I $\quad I_1 - I_3 - I_5 = 0$

Entsprechend gilt für den Knoten zwischen den Widerständen $R_2; R_4$ und R_5

II $\quad I_2 - I_4 + I_5 = 0$

4.6.2.2 Anwendung der Maschenregel

Eine Masche ist ein auf kürzestem Wege geschlossener Teilstromkreis. Da ein Stromkreis immer als, aus Erzeuger (Spannungsquelle) und Verbraucher (Lastwiderstand), zusammengesetzt angesehen werden kann, ist die Summe aller Teilspannungen in diesem Stromkreis stets gleich Null.

Für jede Masche – die Masche mit der Spannungsquelle zuletzt – wird eine Gleichung aufgestellt. Es gilt, unter Berücksichtigung der Vorzeichen (Polarität) der Teilspannungen U_j:

In jeder Masche ist die Summe aller Teilspannungen gleich Null.

Das heißt: Es sei M eine Masche mit den Teilspannungen U_j; U_{j+1}; ... dann gilt:

$$U_j + U_{j+1} + ... = 0$$

$$\boxed{\sum_j U_j = 0}.$$

4.6.2.2.B Beispiel zur Anwendung der Maschenregel

Es sei die Beispielschaltung aus 4.6.B gegeben.

In dieser Schaltung lassen sich drei Maschen betrachten:

Die erste Masche wird aus den Widerständen R_1; R_2 und R_5 mit den Teilspannungen U_1; U_2 und U_5 gebildet. Wird diese Masche gegen Uhrzeigersinn durchlaufen, so gilt

III $\qquad -U_1 + U_2 - U_5 = 0$

Die zweite Masche wird von den Widerständen R_3; R_4 und R_5 gebildet, hier ergibt sich entsprechend

IV $\qquad U_3 - U_4 - U_5 = 0.$

Als dritte und letzte Masche, wird die Masche mit der Spannungsquelle U beschrieben, in dieser Masche liegen die Widerstände R_1 und R_3, also gilt

V $\qquad -U + U_1 + U_3 = 0.$

4.6.2.3 Ersetzung aller unbekannten Spannungen durch Ströme

Da Spannung und Strom nach dem OHMschen Gesetz verknüpft sind, lassen sich alle unbekannten Spannungen U_j durch die zugehörigen Ströme I_j ausdrücken. Dabei ist jede Teilspannung U_j gleich dem Produkt aus Widerstand R_j und Teilstrom I_j. Alle unbekannten Spannungen werden auf diese Weise ersetzt, so dass stets nur Ströme in dem Gleichungssystem als unbekannte Größen erscheinen.

Das heißt: Steht in einer (oder mehreren) Gleichung(en) eine unbekannte Spannung U_j, so wird diese Spannung ersetzt, gemäß

$$U_j = R_j I_j .$$

4.6.2.3.B Beispiel zur Ersetzung aller unbekannten Spannungen durch Ströme

Es sei das Beispiel 4.6.B mit den, die unbekannten Spannungen $U_1 ... U_5$ enthaltenden Gleichungen III; IV und V gegeben.

In der Gleichung III werden die unbekannten Spannungen U_1; U_2 und U_5 ersetzt durch

$$U_1 = R_1 I_1$$

$$U_2 = R_2 I_2$$

$$U_5 = R_5 I_5$$

Damit ergibt sich die Gleichung III neu zu

III $\quad -R_1 I_1 + R_2 I_2 - R_5 I_5 = 0.$

Ein entsprechendes Vorgehen für Gleichung IV liefert

IV $\quad R_3 I_3 - R_4 I_4 - R_5 I_5 = 0$

und für die Gleichung V ergibt sich schließlich

V $\quad -U + R_1 I_1 + R_3 I_3 = 0.$

Zu beachten ist hierbei, dass die Spannung U bekannt ist und daher nicht ersetzt wird.

4.6.2.4 Überführung in ein numerisches Gleichungssystems

Da sich lineare Gleichungssysteme mit vertretbarem Aufwand nur numerisch lösen lassen, werden alle Koeffizienten (die Widerstände) und alle Absolutglieder (die bekannten Spannungen) durch ihre numerischen Entsprechungen ersetzt.

Die Einheiten werden – nicht ganz korrekt – ausgelassen, da sie sehr viel Platz beanspruchen und sich, auf Grund der immer gleichen Struktur des Gleichungssystems, immer gleich ergeben.

4.6.2.4.B Beispiel zur Überführung in ein numerisches Gleichungssystem

Es sei das Beispiel 4.6.B gegeben.

Die Widerstände R_1; ...; R_5 sowie die Spannung U sind hier gegeben mit

$$R_1 = 10k\Omega$$

$$R_2 = 4,7k\Omega$$

$$R_3 = 5,6k\Omega$$

$$R_4 = 1,8k\Omega$$

$$R_5 = 860\Omega$$

$$U = 12V$$

Numerisch ergeben sich damit die Gleichungen I; ...; V zu

I $\quad I_1 - I_3 - I_5 = 0$

II $\quad I_2 - I_4 + I_5 = 0$

III $\quad -1000 I_1 + 4700 I_2 - 860 I_5 = 0$

IV $\quad 5600 I_3 - 1800 I_4 - 860 I_5 = 0$

V $\quad -12 + 1000 I_1 + 5600 I_3 = 0$

Weiter mit Kapitel 5

Anmerkung

Die Zusammenfassung der Gleichungen I; ...; V des Beispiels 4.6.B zu einem Gleichungssystem liefert

$$\begin{array}{lrrrrrcr}
\text{I} & I_1 & +0I_2 & +I_3 & +0I_4 & -I_5 & = & 0 \\
\text{II} & 0I_1 & +I_2 & +0I_3 & -I_4 & +0I_5 & = & 0 \\
\text{III} & -1000I_1 & +I_2 & +0I_3 & +0I_4 & -860I_5 & = & 0 \\
\text{IV} & 0I_1 & +0I_2 & +5600I_3 & -1800I_4 & -860I_5 & = & 0 \\
\text{V} & 1000I_1 & +0I_2 & +5600I_3 & +0I_4 & +0I_5 & = & 12
\end{array}$$

mit den Lösungen

$$I_1 = 830{,}0\mu A$$

$$I_2 = 1799\mu A$$

$$I_3 = 659{,}5\mu A$$

$$I_4 = 1970\mu A$$

$$I_5 = 171{,}2\mu A.$$

Bei Bedarf lassen sich aus diesen Lösungen noch die Spannungen mit

$$U_j = R_j I_j$$

ermitteln.

$

4.6.3 Übungsaufgabe zur Ermittlung der Ströme in einer elektrischen Schaltung

Es sei die nachfolgende elektrische Schaltung gegeben:

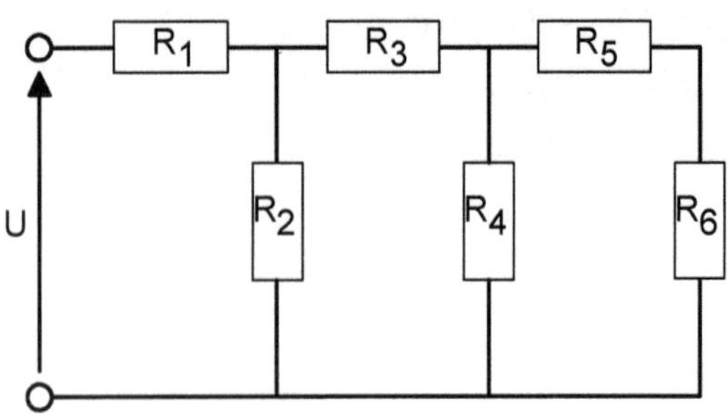

Die Widerstände R_i seien mit

$$R_1 = 10k\Omega$$

$$R_2 = 5k\Omega$$

$$R_3 = 10k\Omega$$

$$R_4 = 5k\Omega$$

$$R_5 = 10k\Omega$$

$$R_5 = 5k\Omega$$

und die Spannung U mit

$$U = 12V$$

bemessen.

Es seien alle Ströme sowie die Spannungen an den Widerständen zu ermitteln.

Lösung Seite 176

5 Der Gauss-Vorwärts-Algorithmus

In diesem, und den folgenden Kapiteln wird beschrieben, wie schrittweise die Anzahl der Unbekannten in jeder Gleichung vermindert wird, bis in jeder Gleichung nur noch eine Unbekannte vorhanden ist. Zunächst wird das Gleichungssystem in die *Dreiecksform* überführt.

Das Gleichungssystem hat jetzt bereits die Normalform (vgl. Kapitel 3) mit beliebigen Koeffizienten a_{ij} und wurde als Tableau dargestellt:

$$\begin{array}{c|cccc|c} \text{I} & a_{11} & a_{12} & \cdots & a_{1n} & b_1 \\ \text{II} & a_{21} & a_{22} & \cdots & a_{2n} & b_2 \\ \vdots & \vdots & \vdots & & \vdots & \vdots \\ \text{M} & a_{m1} & a_{m2} & \cdots & a_{mn} & b_m \end{array}$$

Ziel ist es zunächst, die Gleichungen so zu verändern, dass in der letzten Gleichung die letzte Unbekannte, in der vorletzten Gleichung die letzten zwei Unbekannten usw. übrig bleiben. Alle Koeffizienten unterhalb dieses Dreiecks sollen also zu Null werden:

$$\begin{array}{c|cccc|c} \text{I} & a_{11} & a_{12} & \cdots & a_{1n} & b_1 \\ \text{II} & \mathbf{0} & a_{22} & \cdots & a_{2n} & b_2 \\ \vdots & \vdots & \vdots & & \vdots & \vdots \\ \text{M} & \mathbf{0} & \mathbf{0} & \cdots & a_{mn} & b_m \end{array}$$

Begonnen wird mit der ersten Unbekannten (erste Spalte). Hier werden zunächst, außer in der obersten Zeile, Nullen erzeugt. Diese, im Folgenden beschriebene Vorgehensweise wird dann durch alle Zeilen wiederholt, bis die gewünschte *Dreiecksform* erreicht ist.

Die **Zeile**, in der eine Unbekannte erhalten wird, heißt ***Pivot-Zeile***, die **Spalte** in der Nullen erzeugt, also Unbekannte eliminiert werden, heißt ***Pivot-Spalte***.

Der Koeffizient einer Zeile, der in der Pivot-Spalte steht, heißt ***Pivot-Element*** dieser Zeile.

5.1 Festlegung des Pivot-Elementes

Es wird der erste Koeffizient der ersten Zeile (a_{11}) als Pivot-Element gewählt, das heißt: Die Pivot-Zeile ist Zeile 1 und die Pivot-Spalte ist Spalte 1. Es empfiehlt sich, die Pivot-Zeile und die Pivot-Spalte (z.B. durch Pfeile) zu markieren:

$$
\begin{array}{lcccc|cl}
 & \downarrow & & & & & \\
\text{I} & a_{11} & a_{12} & \cdots & a_{1n} & b_1 & \leftarrow \\
\text{II} & a_{21} & a_{22} & \cdots & a_{2n} & b_2 & \\
\vdots & \vdots & \vdots & & \vdots & \vdots & \\
\text{N} & a_{m1} & a_{m2} & \cdots & a_{mn} & b_m &
\end{array}
$$

5.1.1.B Fortführung des Beispiels B 1

Es werden als Pivot-Zeile die Zeile 1 und als Pivot-Spalte die Spalte 1 gewählt:

$$
\begin{array}{lrrr|rl}
 & \downarrow & & & & \\
\text{I} & 0 & 2 & 4 & -6 & \leftarrow \\
\text{II} & 8 & -2 & 12 & 8 & \\
\text{III} & -4 & 2 & -8 & 12 &
\end{array}
$$

5.1.2.B Fortführung des Beispiels B 2

Es werden als Pivot-Zeile die Zeile 1 und als Pivot-Spalte die Spalte 1 gewählt:

$$
\begin{array}{lrrr|rl}
 & \downarrow & & & & \\
\text{I} & 5 & 10 & -20 & 40 & \leftarrow \\
\text{II} & 10 & 28 & -38 & 76 & \\
\text{III} & 15 & 62 & -52 & 114 &
\end{array}
$$

5.1.3.B Fortführung des Beispiels B 3

Es werden als Pivot-Zeile die Zeile 1 und als Pivot-Spalte die Spalte 1 gewählt:

	↓						
I	5	–4	2	10	15	2	←
II	–10	8	4	–18	–30	0	
III	20	–16	16	42	60	12	
IV	30	–24	28	66	90	26	

5.2 Überprüfung auf Zulässigkeit der Gleichungen

In jeder Zeile, unterhalb und einschließlich der Pivot-Zeile, wird überprüft, ob alle Koeffizienten (links des Gleichheitszeichens) gleich Null sind. Gibt es **keine Zeile**, in der alle Koeffizienten (die Absolutgliedspalte wird zunächst nicht betrachtet) gleich Null sind, dann folgt:

Weiter mit Abschnitt 5.3

Beispiel: Es sei ein Gleichungssystem mit der aktuellen Pivot-Zeile 2 gegeben

	11	12	13	14
→		**22**	**0**	24
		32	**33**	34

In der Pivot-Zeile (2) und der nachfolgenden Zeile finden sich von Null verschiedene Koeffizienten. Damit sind hier keine Besonderheiten zu beachten, es kann mit Abschnitt 5.3 fortgefahren werden.

Sind in einer, oder mehreren **Zeilen** alle Koeffizienten gleich Null, so sind zwei Fälle zu unterscheiden:

5.2.1 Fall 1 (Entfernung überflüssiger Zeilen)

Sind in einer **Zeile** alle Koeffizienten und das Absolutglied gleich Null, so ist diese Gleichung für beliebige Unbekannte erfüllt. Sie trägt nicht zur Lösung des Gleichungssystems bei, aber sie widerspricht auch nicht einer Lösung. Daher entfällt diese Gleichung.

Weiter mit Abschnitt 5.2

Beispiel zur Entfernung überflüssiger Zeilen: Es sei das Tableau

I	5	10	–20	40
II	0	0	0	0
III	15	62	–52	114

gegeben. In der Zeile 2 (Gleichung II) sind alle Koeffizienten, einschließlich des Absolutgliedes gleich Null. Diese Zeile entfällt:

I	5	10	–20	40
III	15	62	–52	114

5.2.2 Fall 2 (leere Lösung)

Sind in einer **Zeile** alle Koeffizienten gleich Null, aber das Absolutglied ist ungleich Null, so ist diese Gleichung niemals erfüllbar, sie widerspricht einer Lösung. Daher ist die Lösung des Gleichungssystems leer.

Achtung: Ein solcher **Widerspruch** reicht aus, die Lösung des gesamten Gleichungssystems leer sein zu lassen!

Also:

Die Lösung ist Leer. ⇒ Ende

Beispiel zur leeren Lösung: Es sei das nachfolgende Tableau gegeben:

I	5	10	–20	40
II	0	0	0	**7**
III	15	62	–52	114

In der Zeile 2 (Gleichung II) sind alle Koeffizienten gleich Null, das Absolutglied ist jedoch von Null verschieden ($b_2 = 7$). Damit ist die Lösung des gesamten Gleichungssystems leer:

$x \in \emptyset$.

Zur Erläuterung: Die Gleichung II des Tableaus

II 0 0 0 | **7**

ist die Kurzschreibweise der Gleichung

II $0x_1 \ +0x_2 \ +0x_3 \ = \ \mathbf{7}$,

also $0 = 7$

und dieses ist ein Widerspruch!

5.3 Überprüfung auf Zulässigkeit der Wahl des Pivot-Elementes

Es sind drei Fälle zu unterscheiden:

5.3.1 Fall 1 (zulässiges Pivot-Element)

Das Pivot-Element der Pivot-Zeile ist von Null verschieden.

Weiter mit Abschnitt 5.4

Beispiel: Es sei ein Gleichungssystem mit der aktuellen Pivot-Zeile 2 und der Pivot-Spalte 2 gegeben

		↓			
	11	12	13	|	14
→		**22**	0	|	24
		32	33	|	34

Das Pivot-Element (22) der Pivot-Zeile (2) ist von Null verschieden. Damit sind hier keine Besonderheiten zu beachten, es kann mit Abschnitt 5.4 fortgefahren werden.

5.3.2 Fall 2 (Zeilentausch)

Das Pivot-Element der Pivot-Zeile ist gleich Null, aber es gibt in der Pivot-Spalte, unterhalb der Pivot-Zeile, von Null verschiedene Elemente.

In diesem Fall werden die Gleichungen, die unterhalb oder in der Pivot-Zeile stehen, mittels eines Tauschens neu sortiert, so dass die Gleichungen, die in der Pivot-Spalte eine Null enthalten zu unterst stehen.

Das heißt: Es sei

$$
\begin{array}{lllllll}
 & & p & & & & \\
 & & \downarrow & & & & \\
\vdots & & \vdots & \vdots & & \vdots & \vdots \quad \vdots \\
\mathbf{T} & \ldots & a_{t;p} = \mathbf{0} & a_{t;p+1} & \ldots & a_{t;n} & | \quad b_t \quad \leftarrow \\
\mathrm{T+1} & \ldots & a_{t+1;p} & a_{t+1;p+1} & \ldots & a_{t+1;n} & | \quad b_{t+1} \\
\vdots & & \vdots & \vdots & & \vdots & \quad\;\; \vdots \\
\mathbf{T+i} & \ldots & a_{t+i;p} \neq \mathbf{0} & a_{t+i;p+1} & & a_{t+i;n} & | \quad b_{t+i} \\
\vdots & & \vdots & \vdots & & \vdots & | \quad \vdots \\
\mathrm{M} & \ldots & a_{m;p} & a_{m;p+1} & \ldots & a_{mn} & | \quad b_m
\end{array}
$$

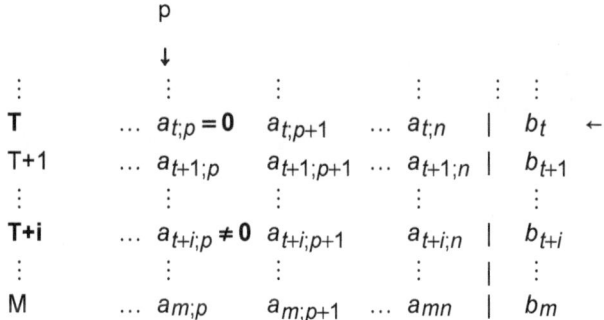

ein Resttableau mit der Pivot-Zeile t, den nachfolgenden Zeilen $t+i$ und dem Pivot-Element der Pivot-Zeile $a_{t;p} = 0$ gegeben.

Durch Zeilentausch wird das System neu sortiert, so dass in der Pivot-Zeile ein von Null verschiedenes Pivot-Element zu stehen kommt, die Gleichungen mit Pivot-Elementen gleich Null hingegen zu unterst stehen.

$$
\begin{array}{lllllll}
 & & p & & & & \\
 & & \downarrow & & & & \\
\vdots & & \vdots & \vdots & & \vdots & \vdots \quad \vdots \\
\mathbf{T+i} & \ldots & a_{t+i;p} \neq \mathbf{0} & a_{t+i;p+1} & \ldots & a_{t+i;n} & | \quad b_{t+i} \quad \leftarrow \\
\mathrm{T+1} & \ldots & a_{t+1;p} & a_{t+1;p+1} & \ldots & a_{t+1;n} & | \quad b_{t+1} \\
\vdots & & \vdots & \vdots & & \vdots & \vdots \quad \vdots \\
\mathrm{M} & \ldots & a_{m;p} & a_{m;p+1} & & a_{m;n} & | \quad b_m \\
\mathbf{T} & \ldots & a_{t;p} = \mathbf{0} & a_{t;p+1} & \ldots & a_{t;n} & | \quad b_t
\end{array}
$$

Weiter mit Abschnitt 5.4

Beispiel: Es sei ein Gleichungssystem mit der aktuellen Pivot-Zeile 2 und der Pivot-Spalte 2 gegeben

```
          ↓
     11  12  13  | 14
→         0  23  | 24
         32  33  | 34
```

Das der Pivot-Element der Pivot-Zeile (2) ist Null. In einer nachfolgenden Zeile, hier Zeile 3, findet sich ein Pivot-Element, das von Null verschieden ist. Daher kann die Pivot-Zeile 2 mit der nachfolgenden Zeile 3 getauscht werden:

```
          ↓
     11  12  13  | 14
→         0  23  | 24  Zeilentausch II;III
         32  33  | 34

          ↓
     11  12  13  | 14
→        23  33  | 34
          0  23  | 24
```

Damit ist das Pivot-Element der Pivot-Zeile von Null verschieden und es kann mit Abschnitt 5.4 fortgefahren werden.

5.3.2.B Fortführung des Beispiels B 1

Es sei das Tableau aus 5.1.1.B gegeben:

```
          ↓
  I       0   2   4  | -6  ←
 II       8  -2  12  |  8
III      -4   2  -8  | 12
```

In der Pivot-Zeile $t = 1$ steht in der Pivot-Spalte $p = 1$ eine Null, aber unterhalb der Pivot-Zeile gibt es Pivot-Elemente $a_{t+i;1}$, die von Null verschieden sind ($a_{2;1} = 8$; $a_{3;1} = -4$). Ein Zeilentausch, so dass die

Gleichung I in die letzte Zeile geschrieben wird, erzeugt in der Pivot-Zeile ($t = 1$) ein von Null verschiedenes Element ($a_{t+i;1} \neq 0$):

	↓				
III	**–4**	2	–8	12	←
II	8	–2	12	8	
I	**0**	2	4	–6	

5.3.3 Fall 3 (neue Pivot-Spalte)

Alle Pivot-Elemente der Pivot-Zeile und der nachfolgenden Zeilen sind Null.[20]

Es wird als neue Pivot-Spalte, die nächst folgende Spalte gewählt.

Das heißt: Es sei p die Pivot-Spalte, t die Pivot-Zeile und alle Koeffizienten $a_{t+i;p} = 0; i \geq 0; p \neq n$, dann wird $p \to p+1$ gesetzt und die Überprüfung des Pivot-Elementes der Pivot-Zeile wiederholt.

Weiter mit Abschnitt 5.3

Beispiel zur Wahl einer neuen Pivot-Spalte: Es sei das nachfolgende Tableau mit der bereits markierten Pivot-Zeile $t = 2$ und der Pivot-Spalte $p = 2$ gegeben:

		↓					
I	5	–4	2	10	15	2	
II*		**0**	8	2	0	4	←
III*		**0**	8	2	0	4	
IV*		**0**	16	6	0	14	

Das Pivot-Element der Pivot-Zeile ist gleich Null und in den nachfolgenden Zeilen findet sich auch kein Pivot-Element, das von Null verschieden ist (ein Zeilentausch wäre also sinnlos).

Die Pivot-Spalte wird auf $p \to p+1$ gesetzt.

Das heißt: Die Pivot-Spalte wird um eine Spalte nach rechts verschoben. Die Nullen der Pivot-Spalte werden übersichtlicherweise nun nicht mehr geschrieben. Es ergibt sich also das Tableau

---

[20] Die Pivot-Spalte p ist sicher nicht die letzte Koeffizientenspalte n ($p \neq n$), denn in diesem Falle wären in dieser Zeile alle Koeffizienten links des Gleichheitszeichens gleich Null – und dieses wurde bereits in Abschnitt 5.2 überprüft.

			↓				
I	5	–4	2	10	15	2	
II*			8	2	0	4	←
III*			8	2	0	4	
IV*			16	6	0	14	

mit der Pivot-Zeile $t = 2$ und der Pivot-Spalte $p = 3$.

5.4 Neuberechnung des Tableaus

Zur Neuberechnung des Tableaus werden zunächst geeignete Erweiterungsfaktoren ermittelt und dann die jeweils erweiterte Pivot-Zeile von jeder nachfolgenden Zeile subtrahiert.[21] Dabei entstehen unterhalb der Pivot-Zeile, in der Pivot-Spalte Nullen.

5.4.1 Ermittlung der Ereiterungsfaktoren

Für jede, auf die Pivot-Zeile folgende Zeile, wird ein Erweiterungsfaktor gebildet und sinnvollerweise hinter der Pivot-Zeile notiert. Der Erweiterungsfaktor ist der Bruch aus dem Pivot-Element einer Zeile, geteilt durch das Pivot-Element der Pivot-Zeile.

Das heißt: Es sei

		↓					
⋮		⋮	⋮		⋮	⋮	⋮
T	…	$a_{t;p} = \mathbf{0}$	$a_{t;p+1}$	…	$a_{t;n}$	|	b_t ←
T+1	…	$a_{t+1;p}$	$a_{t+1;p+1}$	…	$a_{t+1;n}$	|	b_{t+1}
⋮		⋮	⋮		⋮		⋮
T+i	…	$a_{t+i;p} \neq \mathbf{0}$	$a_{t+i;p+1}$		$a_{t+i;n}$	|	b_{t+i}
⋮		⋮	⋮		⋮	|	⋮
M	…	$a_{m;p}$	$a_{m;p+1}$	…	a_{mn}	|	b_m

ein Resttableau mit der Pivot-Zeile t und der Pivot-Spalte p.

Als Erweiterungsfaktoren für die Zeilenkombinationen *(t; t+1), (t; t+2), ..., (t; m)* werden die Brüche $q_{t+1}, q_{t+2}, ..., q_m$ gebildet, gemäß:

$$q_{t+1} = \frac{a_{t+1;p}}{a_{t;p}}, ..., q_{t+i} = \frac{a_{t+i;p}}{a_{t;p}}, ..., q_m = \frac{a_{m;p}}{a_{t;p}}$$

[21] Achtung: Die Reihenfolge der Subtraktion ist nicht willkürlich!

Diese Faktoren werden hinter der Pivot-Zeile notiert:

$$\begin{array}{llllllll}
 & & \downarrow & & & & & \\
\vdots & & \vdots & \vdots & \vdots & \vdots & \vdots & \\
\mathbf{T} & \ldots & a_{t;p} = \mathbf{0} & a_{t;p+1} & \ldots\ a_{t;n} & | & b_t & \leftarrow \;|\frac{a_{t+1}}{a_t};\ldots;\frac{a_M}{a_t} \\
\text{T+1} & \ldots & a_{t+1;p} & a_{t+1;p+1} & \ldots\ a_{t+1;n} & | & b_{t+1} & \\
\vdots & & \vdots & \vdots & \vdots & & \vdots & \\
\mathbf{T+i} & \ldots & a_{t+i;p} \neq \mathbf{0} & a_{t+i;p+1} & a_{t+i;n} & | & b_{t+i} & \\
\vdots & & \vdots & \vdots & \vdots & | & \vdots & \\
\text{M} & \ldots & a_{m;p} & a_{m;p+1} & \ldots\ a_{mn} & | & b_m &
\end{array}$$

5.4.1.1.B Fortführung des Beispiels B 1

Es sei das bereits neu sortierte Tableau aus 5.3.2.B gegeben:

$$\begin{array}{lrrrcrl}
 & \downarrow & & & & & \\
\text{III} & \mathbf{-4} & 2 & -8 & | & 12 & \leftarrow \\
\text{II} & 8 & -2 & 12 & | & 8 & \\
\text{I} & \mathbf{0} & 2 & 4 & | & -6 &
\end{array}$$

Als Erweiterungsfaktoren für die Pivot-Zeile 1 (Gleichung III) ergeben sich

für die Zeilenkombination 1;2 (Gleichungen III;II): $q_{1;2} = \frac{8}{-4}$

und

für die Zeilenkombination 1;3 (Gleichungen III;I): $q_{1;3} = \frac{0}{-4}$

Die Erweiterungsfaktoren werden hinter das Tableau geschrieben:

$$\begin{array}{lrrrcrl}
 & \downarrow & & & & & \\
\text{III} & \mathbf{-4} & 2 & -8 & | & 12 & \leftarrow \;|\frac{8}{-4}\;\;\frac{0}{-4} \\
\text{II} & 8 & -2 & 12 & | & 8 & \\
\text{I} & 0 & 2 & 4 & | & -6 &
\end{array}$$

5.4.1.2.B Fortführung des Beispiels B 2

Es sei das Tableau aus 5.1.2.B gegeben:

	↓					
I	5	10	–20	|	40	←
II	10	28	–38	|	76	
III	15	62	–52	|	114	

Als Erweiterungsfaktoren für die Pivot-Zeile 1 (Gleichung I) ergeben sich

für die Zeilenkombination 1;2 (Gleichungen I;II): $q_{1;2} = \frac{10}{5}$

und

für die Zeilenkombination 1;3 (Gleichungen I;III): $q_{1;3} = \frac{15}{5}$

Die Erweiterungsfaktoren werden hinter das Tableau geschrieben:

	↓							
I	5	10	–20	|	40	←	| $\frac{10}{5}$	$\frac{15}{5}$
II	10	28	–38	|	76			
III	15	62	–52	|	114			

5.4.1.3.B Fortführung des Beispiels B 3

Sei das Tableau aus 5.1.3.B mit der Pivot-Zeile $t = 1$ und der Pivot-Spalte $p = 1$ gegeben:

	↓							
I	5	–4	2	10	15	|	2	←
II	–10	8	4	–18	–30	|	0	
III	20	–16	16	42	60	|	12	
IV	30	–24	28	66	90	|	26	

Als Erweiterungsfaktoren für die Pivot-Zeile 1 (Gleichung I) ergeben sich

für die Zeilenkombination 1;2 (Gleichungen I;II): $q_{1;2} = \frac{-10}{5}$,

für die Zeilenkombination 1;3 (Gleichungen I;III): $q_{1;3} = \frac{20}{5}$

und

für die Zeilenkombination 1;4 (Gleichungen I;IV): $q_{1;4} = \frac{30}{5}$.

Die Erweiterungsfaktoren werden hinter das Tableau geschrieben:

	↓							
I	5	–4	2	10	15	| 2	←	$\vert \frac{-10}{5} \; \frac{20}{5} \; \frac{30}{5}$
II	–10	8	4	–18	–30	| 0		
III	20	–16	16	42	60	| 12		
IV	30	–24	28	66	90	| 26		

5.4.2 Zeilenneuberechnung

Jede auf die Pivot-Zeile t folgende Zeile $t+i$ wird neu berechnet. Zur Neuberechnung einer Zeile $t+i$ wird die, mit dem zugehörigen Faktor $q_{t;t+i}$ erweiterte Pivot-Zeile t von der Zeile $t+i$ subtrahiert.[22]

Das heißt: Es sei das Resttableau

		↓							
$\vdots$		$\vdots$	$\vdots$		$\vdots$	$\vdots$	$\vdots$		
T	…	$a_{t;p}$	$a_{t;p+1}$	…	$a_{t;n}$	|	b_t	←	$\vert \frac{a_{t+1}}{a_t} \dots \frac{a_m}{a_t}$
T+1	…	$a_{t+1;p}$	$a_{t+1;p+1}$	…	$a_{t+1;n}$	|	b_{t+1}		
$\vdots$		$\vdots$	$\vdots$		$\vdots$		$\vdots$		
T+i	…	$a_{t+i;p}$	$a_{t+i;p+1}$		$a_{t+i;n}$	|	b_{t+i}		
$\vdots$		$\vdots$	$\vdots$		$\vdots$	|	$\vdots$		
M	…	$a_{m;p}$	$a_{m;p+1}$	…	a_{mn}	|	b_m		

mit den bereits notierten Erweiterungsfaktoren gegeben.

Die Zeile $t+1$ wird neu berechnet, indem die Pivot-Zeile t mit dem Faktor $\frac{a_{t+1}}{a_t}$ erweitert und dann von der Zeile $t+1$ subtrahiert wird:

T	$-\frac{a_{t+1}}{a_t}$ (	$a_{t;p}$	$a_{t;p+1}$	…	$a_{t;n}$	|	b_t	)
T+1	(	$a_{t+1;p}$	$a_{t+1;p+1}$	…	$a_{t+1;n}$	|	b_{t+1}	)
$(T+1)'$		$a'_{t+1;p}$	$a'_{t+1;p+1}$	…	$a'_{t+1;n}$	|	b'_{t+1}	

[22] Die einzelnen Berechnungsschritte werden üblicherweise nicht notiert. Hier sind die Berechnungsschritte nur zur Erläuterung angegeben. Es wird vielmehr das gesamte Tableau neu aufgeschrieben, also auch die nicht neu berechneten Zeilen.

Die Zeile $t{+}i$ wird neu berechnet, indem die Pivot-Zeile t mit dem Faktor $\frac{a_{t+i}}{a_t}$ erweitert und dann von der Zeile $t{+}i$ subtrahiert wird:

$$\begin{array}{lll} \text{T} & -\frac{a_{t+i}}{a_t}\,(& a_{t;p} \quad a_{t;p+1} \quad \cdots \quad a_{t;n} \mid b_t \quad) \\ \text{T+i} & (& a_{t+i;p} \quad a_{t+i;p+1} \quad \cdots \quad a_{t+i;n} \mid b_{t+i} \quad) \\ \hline (\text{T+i})' & & a'_{t+i;p} \quad a'_{t+i;p+1} \quad \cdots \quad a'_{t+i;n} \mid b'_{t+i} \end{array}$$

Dieses Vorgehen wird bis zur letzten Zeile m fortgesetzt :

Die Zeile m wird neu berechnet, indem die Pivot-Zeile t mit dem Faktor $\frac{a_m}{a_t}$ erweitert und dann von der Zeile m subtrahiert wird:

$$\begin{array}{lll} \text{T} & -\frac{a_m}{a_t}\,(& a_{t;p} \quad a_{t;p+1} \quad \cdots \quad a_{t;n} \mid b_t \quad) \\ \text{M} & (& a_{m;p} \quad a_{m;p+1} \quad \cdots \quad a_{m;n} \mid b_m \quad) \\ \hline \text{M}' & & a'_{m;p} \quad a'_{m;p+1} \quad \cdots \quad a'_{m;n} \mid b'_m \end{array}$$

Die Berechnung der einzelnen Koeffizienten erfolgt wie angegeben, zeilenweise, dabei wird zunächst der Koeffizient der ersten, auf die Pivot-Spalte p folgenden Spalte $p{+}1$ berechnet. Die in der Pivot-Spalte erzeugten Nullen werden nicht notiert, hierdurch wird das Tableau übersichtlicher. Der Koeffizient der Pivot-Spalte p braucht nicht berechnet zu werden, da dieser auf Grund der Wahl des Erweiterungsfaktors, zu Null wird! Danach wird der Koeffizient der zweiten, dritten, ... auf die Pivot-Spalte folgenden Spalte berechnet.

Zur Neuberechnung des Koeffizienten $a_{t+i;p+k}$ der i-ten, auf die Pivot-Zeile t folgenden Zeile $t{+}i$, in der k-ten, auf die Pivot-Spalte p folgenden Spalte $p{+}k$ ergibt sich somit:[23]

$$a_{t+i;p+k} = a_{t+i;p+k} - q_{t;t+i}\, a_{t;p+k}$$

Weiter mit Abschnitt 5.2

[23] Steht ein (Pocket-) Computer zur Verfügung, der die mathematischen *Hierarchieregeln* (=Rangordnungsregeln, vgl.: Band 1) beherrscht, so kann dieser Ausdruck direkt eingegeben werden.

5.4.2.B Allgemeines Beispiel

Es sei das Tableau

	↓					
I	10	20	30	40	50	
II		88	66	–44	22	← $\mid\frac{33}{88}\ \frac{11}{88}$
III		33	55	77	99	
IV		11	12	12	14	

mit der Pivot-Zeile 2 (Gleichung II), der Pivot-Spalte 2 und den bereits hinter der Pivot-Zeile eingetragenen Erweiterungsfaktoren gegeben.

Die Zeilen 3 und 4 (Gleichungen III und IV) werden neu berechnet, dabei müssen nur die Koeffizienten, bzw. Absolutglieder der Spalten 3, 4 und 5 ermittelt werden. Das Tableau kann also unter das bereits vorhandene Tableau, schon bis einschließlich der Pivot-Zeile 2 abgeschrieben werden. Zur Gliederung empfiehlt es sich, das vorherige und das neue Tableau durch einen waagerechten Strich zu trennen, also:

	↓					
I	10	20	30	40	50	
II		88	66	–44	22	← $\mid\frac{33}{88}\ \frac{11}{88}$
III		33	55	77	99	
IV		11	12	12	14	

I	10	20	30	40	50
II		88	66	–44	22

Die Zeile 3 (Gleichung III) wird neu berechnet:

Der neue Koeffizient in Spalte 3 ergibt sich, durch Subtraktion des, mit dem Erweiterungsfaktor der Zeilen 2;3 erweiterten Koeffizienten der Pivot-Zeile, von dem Koeffizienten der Zeile 3:

$$a_{3;3} = 55 - \frac{33}{88} \cdot 66$$

$$a_{3;3} = \frac{121}{4}$$

Entsprechend wird der Koeffizient der vierten Spalte neu berechnet:

$$a_{3;4} = 77 - \frac{33}{88} \cdot 44$$

$$a_{3;4} = \frac{121}{2}$$

Und auch in der Absolutgliedspalte wird so vorgegangen:

$$b_3 = 99 - \frac{33}{88} \cdot 22$$

$$b_3 = \frac{363}{4}$$

In gleicher Weise werden die Koeffizienten und das Absolutglied der Zeile 4 neu berechnet:[24]

$$\begin{array}{lrcccccc}
\text{II} & -\frac{11}{88}(& 88 & 66 & 44 & | & 22 &) \\
\text{IV} & (& 11 & 12 & 13 & | & 14 &) \\
\text{IV}' & & \overline{0} & \overline{\frac{51}{4}} & \overline{\frac{15}{2}} & | & \overline{\frac{45}{4}} &
\end{array}$$

Damit ergibt sich aus dem Alten, das neu berechnete Tableau:

$$\begin{array}{lccccccl}
 & & \downarrow & & & & & \\
\text{I} & 10 & 20 & 30 & 40 & | & 50 & \\
\text{II} & & 88 & 66 & -44 & | & 22 & \leftarrow \;| \frac{33}{88} \;\; \frac{11}{88} \\
\text{III} & & 33 & 55 & 77 & | & 99 & \\
\text{IV} & & 11 & 12 & 12 & | & 14 &
\end{array}$$

$$\begin{array}{lcccccc}
\text{I} & 10 & 20 & 30 & 40 & | & 50 \\
\text{II} & & 88 & 66 & -44 & | & 22 \\
\text{III} & & & \frac{121}{4} & \frac{121}{2} & | & \frac{363}{4} \\
\text{IV} & & & \frac{51}{4} & \frac{15}{2} & | & \frac{45}{4}
\end{array}$$

---

[24] Die absichtlich erzeugte Null der Pivot-Spalte wird natürlich gar nicht erst errechnet.

5.4.2.1.B Fortführung des Beispiels B 1

Es sei das Tableau aus 5.4.1.1.B mit den bereits notierten Erweiterungsfaktoren gegeben:

$$
\begin{array}{llrrrcrl}
 & & \downarrow & & & & & \\
\text{III} & & \mathbf{-4} & 2 & -8 & | & 12 & \leftarrow \;|\frac{8}{-4}\;\;\frac{0}{-4} \\
\text{II} & & 8 & -2 & 12 & | & 8 & \\
\text{I} & & 0 & 2 & 4 & | & -6 &
\end{array}
$$

Das neue Tableau wird durch einen waagerechten Strich vom alten Tableau getrennt und die Pivot-Zeile 1 (Gleichung III) wird abgeschrieben:

$$
\begin{array}{llrrrcrl}
 & & \downarrow & & & & & \\
\text{III} & & \mathbf{-4} & 2 & -8 & | & 12 & \leftarrow \;|\frac{8}{-4}\;\;\frac{0}{-4} \\
\text{II} & & 8 & -2 & 12 & | & 8 & \\
\text{I} & & 0 & 2 & 4 & | & -6 & \\
\hline
\text{III} & & \mathbf{-4} & 2 & -8 & | & 12 &
\end{array}
$$

Die auf die Pivot-Zeile folgenden Zeilen werden neu berechnet.

Für die Zeile 2 (Gleichung II) ergibt sich:

$$
\begin{array}{llrrrcrl}
\text{III} & -\frac{8}{-4}\,(& -4 & 2 & -8 & | & 12 &) \\
\text{II} & \quad\;\;(& 8 & -2 & 12 & | & 8 &) \\
\text{II}' & & \overline{0} & \overline{2} & \overline{-4} & | & \overline{32} &
\end{array}
$$

Dabei wird die absichtlich erzeugte Null natürlich gar nicht erst errechnet.

Für die Zeile 3 (Gleichung I) ergibt sich entsprechend:

$$
\begin{array}{llrrrcrl}
\text{III} & -\frac{0}{-4}\,(& -4 & 2 & -8 & | & 12 &) \\
\text{I} & \quad\;\;(& 0 & 2 & 4 & | & -6 &) \\
\text{I}' & & \overline{0} & \overline{2} & \overline{4} & | & \overline{-6} &
\end{array}
$$

Die neu errechneten Zeilen werden an das Tableau angefügt:

	↓					
III	**–4**	2	–8	| 12	←	$\vert \frac{8}{-4}$ $\frac{0}{-4}$
II	8	–2	12	| 8		
I	0	2	4	| –6		

III	**–4**	2	–8	| 12
II		2	–4	| 32
I		2	4	| –6

5.4.2.2.B Fortführung des Beispiels B 2

Es sei das Tableau aus 5.4.1.2.B mit den bereits eingetragenen Erweiterungsfaktoren gegeben:

	↓					
I	5	10	–20	| 40	←	$\vert \frac{10}{5}$ $\frac{15}{5}$
II	10	28	–38	| 76		
III	15	62	–52	| 114		

Das neue Tableau wird durch waagerechte Striche vom alten Tableau abgetrennt und die Pivot-Zeile 1 (Gleichung I) wird abgeschrieben:

	↓					
I	5	10	–20	| 40	←	$\vert \frac{10}{5}$ $\frac{15}{5}$
II	10	28	–38	| 76		
III	15	62	–52	| 114		

I	5	10	–20	| 40

Die Zeile 2 (Gleichung II) wird neu berechnet, indem die mit $\frac{10}{5}$ erweiterte Pivot-Zeile (Zeile 1, Gleichung I) von Zeile 2 subtrahiert wird.

Die Zeile 3 (Gleichung III) wird neu berechnet, indem die mit $\frac{15}{5}$ erweiterte Pivot-Zeile (Zeile 1, Gleichung I) von Zeile 3 subtrahiert wird.

Es ergibt sich das neue Tableau:

	↓					
I	5	10	–20	40	←	$\vert\frac{10}{5}$ $\frac{15}{5}$
II	10	28	–38	76		
III	15	62	–52	114		

I	5	10	–20	40
II		8	2	–4
III		32	8	–6

5.4.2.3.B Fortführung des Beispiels B 3

Es sei das Tableau aus 5.4.1.3.B mit den bereits eingetragenen Erweiterungsfaktoren gegeben:

	↓							
I	5	–4	2	10	15	2	←	$\vert\frac{-10}{5}$ $\frac{20}{5}$ $\frac{30}{5}$
II	–10	8	4	–18	–30	0		
III	20	–16	16	42	60	12		
IV	30	–24	28	66	90	26		

Das neue Tableau wird durch einen waagerechten Strich vom alten Tableau abgetrennt und die Pivot-Zeile 1 (Gleichung I) wird abgeschrieben:

	↓							
I	5	–4	2	10	15	2	←	$\vert\frac{-10}{5}$ $\frac{20}{5}$ $\frac{30}{5}$
II	–10	8	4	–18	–30	0		
III	20	–16	16	42	60	12		
IV	30	–24	28	66	90	26		

I	5	–4	2	10	15	2

Die Zeile 2 (Gleichung II) wird neu berechnet, indem die mit $\frac{-10}{5}$ erweiterte Pivot-Zeile (Zeile 1, Gleichung I) von Zeile 2 subtrahiert wird.

Die Zeile 3 (Gleichung III) wird neu berechnet, indem die mit $\frac{20}{5}$ erweiterte Pivot-Zeile (Zeile 1, Gleichung I) von Zeile 3 subtrahiert wird.

Die Zeile 4 (Gleichung IV) wird neu berechnet, indem die mit $\frac{30}{5}$ erweiterte Pivot-Zeile (Zeile 1, Gleichung I) von Zeile 4 subtrahiert wird.

Es ergibt sich das neue Tableau:

	↓							
I	5	−4	2	10	15	|	2	← | $\frac{-10}{5}$ $\frac{20}{5}$ $\frac{30}{5}$
II	−10	8	4	−18	−30	|	0	
III	20	−16	16	42	60	|	12	
IV	30	−24	28	66	90	|	26	

I	5	−4	2	10	15	|	2
II		0	8	2	0	|	4
III		0	8	2	0	|	4
IV		0	16	6	0	|	14

5.5 Wahl eines neuen Pivot-Elementes

Um das Tableau in die Dreiecksform zu überführen, wird das in den Abschnitten 5.2 ...5.4 beschriebene Vorgehen mit einer neuen Pivot-Zeile und einer neuen Pivot-Spalte wiederholt. Dazu wird als neue Pivot-Zeile die, auf die bisherige Pivot-Zeile t folgende Zeile $t+1$ gewählt. Ebenso wird als neue Pivot-Spalte die, auf die bisherige Pivot-Spalte p, folgende Spalte $p+1$ gewählt.

Hier sind zwei Fälle zu unterscheiden:

5.5.1 Fall 1 (Abbruch)

Ist die neue Pivot-Zeile die letzte Zeile des Tableaus, dann ist das Tableau so weit in die Dreiecksform überführt, wie es möglich ist.

Anmerkung: Die Anzahl der verbliebenen Zeilen des Systems wird als (Zeilen-) *Rang* der Koeffizientenmatrix bezeichnet.[25]

Weiter mit Kapitel 6

5.5.2 Fall 2 (Wiederholung des Algorithmus)

Die Pivot-Zeile ist **nicht** die letzte Zeile des Tableaus.

Das Tableau wird weiter in die Dreiecksform überführt.

Das heißt: Es sei das Resttableau mit der bisherigen Pivot-Zeile t und der bisherigen Pivot-Spalte p gegeben:

$$
\begin{array}{lcccccccc|cl}
 & & & & \downarrow p_{bisher} & & & & & & \\
 & a_{1;1} & & & a_{1;p} & a_{1;p+1} & \cdots & a_{1;n} & & b_1 & \\
\vdots & \vdots & & & \vdots & \vdots & & \vdots & \vdots & \vdots & \\
\mathbf{T} & 0 & \ldots & 0 & \mathbf{a_{t;p}} & a_{t;p+1} & \cdots & a_{t;n} & & b_t & \leftarrow t_{bisher} \\
\mathrm{T+1} & 0 & \ldots & 0 & \mathbf{0} & a_{t+1;p+1} & \cdots & a_{t+1;n} & & b_{t+1} & \\
\vdots & \vdots & & & \vdots & \vdots & & \vdots & & \vdots & \\
\mathrm{T+i} & 0 & \ldots & 0 & \mathbf{0} & a_{t+i;p+1} & & a_{t+i;n} & & b_{t+i} & \\
\vdots & \vdots & & & \vdots & \vdots & & \vdots & & \vdots & \\
\mathrm{M} & 0 & \ldots & 0 & \mathbf{0} & a_{m;p+1} & \cdots & a_{mn} & & b_m &
\end{array}
$$

[25] Die Regeln, Gesetze und Begriffe der Matrizen sind nicht Teil der Betrachtungen dieser Schrift und werden daher nicht genauer ausgeführt.

Als neue Pivot-Zeile wird die Zeile $t+1$ und als Pivot-Spalte die Spalte $p+1$ gewählt:

$$\begin{array}{cccccccc|cc}
 & & & & & \downarrow p_{neu} & & & & \\
 & a_{1;1} & & & a_{1;p} & a_{1;p+1} & \cdots & a_{1;n} & b_1 & \\
\vdots & \vdots & & & \vdots & \vdots & & \vdots & \vdots & \\
\text{T} & 0 & \ldots & 0 & a_{t;p} & a_{t;p+1} & \ldots & a_{t;n} & b_t & \\
\mathbf{T+1} & 0 & \ldots & 0 & 0 & \mathbf{a}_{t+1;p+1} & \ldots & a_{t+1;n} & b_{t+1} & \leftarrow t_{neu} \\
\vdots & \vdots & & & \vdots & \vdots & & \vdots & \vdots & \\
\text{T+i} & 0 & \ldots & 0 & 0 & a_{t+i;p+1} & & a_{t+i;n} & b_{t+i} & \\
\vdots & \vdots & & & \vdots & \vdots & & \vdots & \vdots & \\
\text{M} & 0 & \ldots & 0 & 0 & a_{m;p+1} & \ldots & a_{mn} & b_m &
\end{array}$$

Weiter mit Abschnitt 5.2

5.5.1.B Fortführung des Beispiels B 1

Es sei das Tableau aus 5.4.2.1.B mit der bisherigen Pivot-Zeile $t=1$ und der bisherigen Pivot-Spalte $p=1$ und den bereits eingetragenen Erweiterungsfaktoren gegeben:

$$\begin{array}{lccc|cl}
 & \downarrow & & & & \\
\text{III} & \mathbf{-4} & 2 & -8 & 12 & \leftarrow \left| \frac{8}{-4} \ \frac{0}{-4} \right. \\
\text{II} & 8 & -2 & 12 & 8 & \\
\text{I} & 0 & 2 & 4 & -6 &
\end{array}$$

Eine Neuberechnung des Tableaus liefert zunächst

$$\begin{array}{lccc|c}
\text{III} & \mathbf{-4} & 2 & -8 & 12 \\
\text{II} & & 2 & -4 & 32 \\
\text{I} & & 2 & 4 & -6
\end{array}$$

Als neue Pivot-Zeile wird nun die Zeile $t=2$ und als neue Pivot-Spalte die Spalte $p=2$ gewählt. Der Erweiterungsfaktor $\frac{2}{2}$ der Pivot-Zeile wird hinter dieser Zeile notiert:

$$\begin{array}{lccc|cl}
 & & \downarrow & & & \\
\text{III} & -4 & 2 & -8 & 12 & \\
\text{II} & & \mathbf{2} & -4 & 32 & \leftarrow \left| \frac{2}{2} \right. \\
\text{I} & & 2 & 4 & -6 &
\end{array}$$

Erneut werden alle Zeilen bis einschließlich der Pivot-Zeile abgeschrieben und die nachfolgende Zeile neu berechnet. Es ergibt sich:

	↓				
III	–4	2	–8	| 12	
II		**2**	–4	| 32	← $\vert\frac{2}{2}$
I		2	4	| –6	

III	–4	2	–8	| 12
II		2	–4	| 32
I			8	| –38

Damit hat das Tableau die gewünschte Dreiecksform.

Weiter mit Kapitel 6

5.5.2.B Fortführung des Beispiels B 2

Es sei das Tableau aus 5.4.2.2.B mit der bisherigen Pivot-Zeile $t = 1$ und der bisherigen Pivot-Spalte $p = 1$ und den bereits notierten Erweiterungsfaktoren gegeben:

	↓				
I	5	10	–20	| 40	← $\vert\frac{10}{5}\ \frac{15}{5}$
II	10	28	–38	| 76	
III	15	62	–52	| 114	

Eine Neuberechnung des Tableaus liefert:

I	5	10	–20	| 40
II		8	2	| –4
III		32	8	| –6

Als neue Pivot-Zeile wird nun die Zeile $t=2$ und als neue Pivot-Spalte die Spalte $p=2$ gewählt. Der Erweiterungsfaktor $\frac{32}{8}$ der Pivot-Zeile wird hinter dieser Zeile notiert:

		↓			
I	5	10	–20	| 40	
II		**8**	2	| –4	← | $\frac{32}{8}$
III		32	8	| –6	

Erneut werden alle Zeilen bis einschließlich der Pivot-Zeile abgeschrieben und die nachfolgende Zeile neu berechnet. Es ergibt sich:

I	5	10	–20	| 40
II		8	2	| –4
III			0	| 10

Dass das Tableau jetzt die Dreiecksform hat ist hier bedeutungslos, denn in einer Zeile stehen links vom Gleichheitszeichen nur Nullen und das Absolutglied ist von Null verschieden! Die Lösung des Systems ist also leer (vergleiche Abschnitt 5.2.2).

Also: $x \in \emptyset$

5.5.3.B Fortführung des Beispiels B 3

Es sei das Tableau aus 5.4.2.3.B mit der bisherigen Pivot-Zeile $t=1$ und der bisherigen Pivot-Spalte $p=1$ gegeben:

	↓						
I	5	–4	2	10	15	| 2	← | $\frac{-10}{5}$ $\frac{20}{5}$ $\frac{30}{5}$
II	–10	8	4	–18	–30	| 0	
III	20	–16	16	42	60	| 12	
IV	30	–24	28	66	90	| 26	

I	5	–4	2	10	15	| 2
II		0	8	2	0	| 4
III		0	8	2	0	| 4
IV		0	16	6	0	| 14

Als neue Pivot-Zeile wird nun die Zeile $t=2$ und als neue Pivot-Spalte die Spalte $p=2$ gewählt. Da aber in der Pivot-Spalte alle Koeffizienten unterhalb und einschließlich der Pivot-Zeile gleich Null sind, wird eine neue Pivot-Spalte $p=3$ gewählt (vergleiche Abschnitt 5.3.3.2).

Die Erweiterungsfaktoren $\frac{8}{8}$, $\frac{16}{8}$ der Pivot-Zeile werden hinter dieser Zeile notiert:

		↓						
I	5	–4	2	10	15	2		
II		**0**	8	2	0	4	←	$\frac{8}{8}$ $\frac{16}{8}$
III		**0**	8	2	0	4		
IV		**0**	16	6	0	14		

Erneut werden alle Zeilen bis einschließlich der Pivot-Zeile abgeschrieben und die nachfolgende Zeile neu berechnet. Es ergibt sich:

		↓						
I	5	–4	2	10	15	2		
II		**0**	8	2	0	4	←	$\frac{8}{8}$ $\frac{16}{8}$
III		**0**	8	2	0	4		
IV		**0**	16	6	0	14		

I	5	–4	2	10	15	2
II			8	2	0	4
III				0	0	0
IV				2	0	6

Die neu errechnete Gleichung III" enthält einschließlich des Absolutgliedes nur Nullen und entfällt daher (vergleiche Abschnitt 5.2.1).

Es verbleibt das Tableau:

I	5	–4	2	10	15	2
II			8	2	0	4
IV				2	0	6

Eine erneute Wahl der Pivot-Zeile führt auf die Zeile $t = 3$ und diese ist die letzte Zeile. Eine weitere Überführung in die Dreiecksform ist also nicht mehr möglich (vergleiche Abschnitt 5.5.2).

Weiter mit Kapitel 6

6 Der GAUSS-Zwischen-Algorithmus

Nachdem das Gleichungssystem, mittels des GAUSS-Vorwärts-Algorithmus, **weitestgehend** in die Dreiecksform überführt wurde, muss sicher gestellt werden, dass das System eine **vollständige** Dreiecksform hat.

6.1 Prüfung der Hauptdiagonalen

Das Gleichungssystem

$$\begin{array}{l|cccc|c} \text{I} & a_{11} & a_{12} & \dots & a_{1n} & b_1 \\ \text{II} & a_{21} & a_{22} & \dots & a_{2n} & b_2 \\ \vdots & \vdots & \vdots & & \vdots & \vdots \\ \text{M} & a_{m1} & a_{m2} & \dots & a_{mn} & b_m \end{array}$$

wurde in die Dreiecksform

$$\begin{array}{l|cccc|c} \text{I} & a_{11} & a_{12} & \dots & a_{1n} & b_1 \\ \text{II} & \mathbf{0} & a_{22} & \dots & a_{2n} & b_2 \\ \vdots & \vdots & \vdots & & \vdots & \vdots \\ \text{M} & \mathbf{0} & \mathbf{0} & \dots & a_{mn} & b_m \end{array}$$

überführt. Die Elemente $a_{1;1}; a_{2;2}; \ldots; a_{m;m}$ – auf der Diagonalen vom ersten Element der ersten Zeile, zum m-ten Element der m-ten (letzten) Zeile – heißen *Diagonalelemente*. Sie müssen ausnahmslos von Null verschieden sein, damit das Gleichungssystem eindeutig lösbar ist.

Zur Überprüfung der Eindeutigkeit der Lösung des Gleichungssystems wird das Produkt d der Diagonalelemente des Gleichungssystems gebildet:

$$d = a_{11} a_{22} \ldots a_{ii} \ldots a_{mm}.$$

Dieses lässt sich kürzer mittels des Produktzeichens schreiben:

$$d = \prod_{i=1}^{m} a_{ii}.$$

6.1.1 Die Determinante

Werden Zeilen getauscht, etwa während der Anwendung des GAUSS-Algorithmus, so kehrt sich das Vorzeichen einer Zeilendifferenz um. Dieses ist für die Beurteilung der eindeutigen Lösbarkeit eines linearen Gleichungssystems ohne Bedeutung.

Das Produkt der Diagonalelemente eines Systems linearer Gleichungen in Dreiecksform bietet jedoch weitere Informationen, die dann auch in ihren Vorzeichen ausgewertet werden können. Deshalb wird die Anzahl r der durchgeführten Zeilentäusche berücksichtigt und eine entsprechende Anzahl Vorzeichenumkehrungen vorgenommen.

Dieses Produkt der Diagonalelemente der Dreiecksmatrix A_D, unter der r-fachen Vorzeichenumkehr in Folge r-facher Zeilentäusche, heißt[26] Determinante $\det(A_D)$:

$$\det(A_D) = (-1)^r \prod_{i=1}^{m} a_{ii} .$$

6.2 Beurteilung des Produkts der Diagonalelemente

Ergibt sich das Produkt der Diagonalelemente[27] von Null verschieden, ist das Gleichungssystem eindeutig lösbar – andernfalls ergibt sich eine Lösungsfunktion.[28] Es sind daher zwei Fälle zu unterscheiden:

[26] Die Determinante ist über einen anderen Weg definiert. Es lässt sich jedoch zeigen, dass diese Definition unter Anderem auf die hier angegebene Aussage führt.

[27] Hier ist das Produkt der Diagonalelemente ausreichend als Beurteilungskriterium. Die Ermittlung der Determinate ist nicht erforderlich.

[28] Ist das Produkt der Diagonalelemente gleich Null, kann die Lösung des Systems auch leer sein, eine solche leere Lösung hätte sich bereits während der Anwendung des GAUSS-Vorwärts-Algorithmus ergeben.

6.2.1 Fall 1 (eindeutige Lösung)

Ist das Produkt der Diagonalelemente der Dreiecksmatrix von Null verschieden, kann direkt mit dem Lösen des Systems fortgefahren werden:

Weiter mit Kapitel 7

Beispiel: Es sei ein Gleichungssystem bereits in die Dreiecksform überführt worden

$$\begin{array}{ccc|c} 11 & 12 & 13 & 14 \\ & 22 & 23 & 24 \\ & & 33 & 34 \end{array}$$

Das Produkt der Diagonalelemente ergibt sich zu

$d = 11 \cdot 22 \cdot 33$

$d = 7986$,

so dass das System als eindeutig lösbar erkannt wird und mit Kapitel 7 fortgesetzt werden kann.

6.2.2 Fall 2 (Lösungsfunktion)

Ist das Produkt der Diagonalelemente der Dreiecksmatrix gleich Null, so ist die Anzahl der Gleichungen geringer, als die Anzahl der gesuchten Größen. Damit sind einige, der gesuchten Größen, nicht über das Gleichungssystem bestimmt. Diese Größen sind folglich frei wählbar.

Nun ist es wenig sinnvoll, diese frei Wahl der unbestimmten Größen explizit, unter Angabe einer konkreten Zahl, etwa $x_i = 123$ durchzuführen. Schließlich wäre eine andere Wahl ebenso richtig, so dass es unbegrenzt viele Möglichkeiten gibt.

Deshalb wird die freie Wahl einer (reellen) Zahl für die unbestimmte gesuchte Größe in symbolischer, algebraischer Form durchgeführt.

Es sei ein teilweise dreiecksförmiges lineares Gleichungssystem, mit einer Determinante Null gegeben, das in seiner Hauptdiagonalen in der k-ten Zeile eine Null enthalte

$$\begin{array}{ccccccc} a_{11} & \cdots & & & & = & b_1 \\ & \ddots & & & \vdots & = & \vdots \\ & & a_{k-1;k-1} & \cdots & & = & b_{k-1} \\ & & & \mathbf{0} \quad a_{k;j} \; \cdots & & = & b_k \\ & & & \ddots & \vdots & & \vdots \\ & & & & a_{m;n} & = & b_m \end{array}$$

dann ist die gesuchte Größe mit dem Index k nicht über das Gleichungssystem bestimmt. Dieses Größe wird frei – aus den reellen Zahlen – gewählt:[29]

Sei: $x_k = \mu_k \in \mathbb{R}$.

Der Koeffizient dieser gesuchten Größe im Gleichungssystem ist somit 1 und das Absolutglied gleich der gewählten Zahl. Die Wahl der gesuchten Größe des Index k lässt sich in der Struktur des linearen Gleichungssystems darstellen und in das Gleichungssystem einfügen:

$$\begin{array}{cccccc} \ddots & & & \vdots & = & \vdots \\ & \mathbf{1} & 0 \quad \ldots & 0 & = & \boldsymbol{\mu}_k \\ & & a_{k;j} \; \cdots & & = & b_k \\ & & \ddots & & & \vdots \end{array}.$$

Nun lässt sich das Lösen des Gleichungssystems in numerischer Form jedoch nicht mit den algebraisch gewählten Größen in Kombination mit den numerischen Absolutgliedern durchführen. Deshalb wird für eine jede gewählte Größe eine eigene Absolutgliedspalte eingeführt. In dieser Spalte sind dann alle Koeffizienten gleich Null,

[29] Da im Allgemeinen mehrere Größen frei wählbar sind, sollten diese Größen einheitlich, systematisch indiziert werden.

mit Ausnahme der Zeile, in der die gesuchte Größe gewählt wurde, hier ist der Koeffizient gleich Eins:

$$\begin{array}{ccccccc} & & & & & & \downarrow \text{Spalte f. } \mu_k \\ \ddots & & & \vdots & = & \vdots & \vdots \\ & \mathbf{1} & 0 & \ldots\ 0 & = & \mathbf{0} & \mathbf{1} \\ & & a_{k;j} & \cdots & = & b_k & 0 \\ & & & \ddots & & \vdots & \vdots \end{array}$$

Das Gleichungssystem mit der unbestimmten und daher frei gewählten gesuchten Größe x_k der k-ten Zeile erhält also eine zusätzliche Zeile (in der k-ten Position) und eine zusätzliche Absolutgliedspalte:

$$\begin{array}{cccccccccc} & & & & & & & & \downarrow \text{neu} & \\ a_{11} & \cdots & & & & & = & b_1 & 0 & \\ & \ddots & & & & \vdots & = & \vdots & \vdots & \\ & & a_{k-1;k-1} & & & & = & b_{k-1} & 0 & \\ & & & \mathbf{1} & 0\ \ \ldots & 0 & = & \mathbf{0} & \mathbf{1} & \leftarrow \text{neu} \\ & & & & a_{k;k+1}\ \cdots & & = & b_k & 0 & \\ & & & & \ddots & \vdots & & \vdots & & \\ & & & & & a_{m;n} & = & b_m & 0 & \end{array}$$

Für jede unbestimmte gesuchte Größe wird dieses Vorgehen wiederholt, bis die Hauptdiagonale nur noch von Null verschiedene Koeffizienten enthält, also alle frei wählbaren Größen gewählt wurden.

Weiter mit Kapitel 7

Beispiel: Es sei ein Gleichungssystem bereits in die Dreiecksform überführt worden

$$\begin{array}{ccc|c} 11 & 12 & 13 & 14 \\ & \mathbf{0} & 23 & 24 \\ & & \mathbf{0} & \end{array}$$

Das Produkt der Diagonalelemente ergibt sich zu

$d = 11 \cdot 0 \cdot 0$

$d = 0,$

so dass das System als nicht eindeutig lösbar erkannt wird. In der 2-ten Zeile (gesuchte Größe x_2) findet sich ein Diagonalelement, das gleich Null ist. Die zugehörige gesuchte Größe wird frei aus den reellen Zahlen gewählt.

Sei: $x_2 = \mu_2 \in \mathbb{R}$.

Die neue Gleichung wird in die Zeile 2 des Gleichungssystems eingefügt

11	12	13	|	14	**0**
	1	0	|	0	**1**
		23	|	24	**0**

Damit ergibt sich das Produkt der Diagonalelemente zu

$d = 11 \cdot 1 \cdot 23$

$d = 253,$

also von Null verschieden, so dass mit dem Vorgehen aus Kapitel 7 fortgefahren werden kann.

6.2.1.B Fortführung des Beispiels B 1

Das Tableau des linearen Gleichungssystems erhielt im Abschnitt 5.5.1.B eine Dreiecksform:

III	–4	2	–8	|	12
II		2	–4	|	32
I			8	|	–38

Die Determinate des Systems ist über das negative Produkt der Diagonalelemente bestimmt, da **ein** Zeilentausch durchgeführt wurde

$$d = \det(A_3)$$

$$d = (-1)^1(-4)(2)(8)$$

$$d = 64.$$

Die Determinante ist ungleich Null. Daher wird das System direkt mit dem Vorgehen des Kapitels 7 weiter gelöst.

6.2.3.B Fortführung des Beispiels B 3

Das Tableau des linearen Gleichungssystems erhielt im Abschnitt 5.5.3.B eine angenäherte Dreiecksform:

I	5	–4	2	10	15	|	2
II			8	2	0	|	4
IV				2	0	|	6

Zur Erläuterung der Ermittlung der Determinante dieses Systems, wird hier das System mit den üblicherweise nicht aufgeschriebenen Nullen dargestellt:

I	5	–4	2	10	15	|	2
II		**0**	8	2	0	|	4
IV			**0**	2	0	|	6

Es wurde kein Zeilentausch durchgeführt, daher ist die Determinante des Gleichungssystems gleich dem Produkt der Diagonalelemente:

$$d = \det(A_5)$$

$$d = (-1)^0 (5)(0)(0)(0)(0)$$

$$d = 0.$$

Da die Determinante dieses Systems gleich Null ist, werden die 'fehlenden' Gleichungen hinzu gefügt.

Das erste Element der Hauptdiagonalen, das gleich Null ist, ist das Element der zweiten Zeile und zweiten Spalte a_{22}. Die zugehörige gesuchte Größe x_2 ist daher über das Gleichungssystem nicht bestimmt und wird frei gewählt:

Sei $\quad x_2 = \mu_2 \in \mathbb{R}.$

Die neue Gleichung wird in das Gleichungssystem eingefügt und für den frei gewählten Parameter μ_2 eine zusätzliche Absolutgliedspalte erstellt:

I	5	–4	2	10	15	|	2	0
V		**1**	**0**	**0**	**0**	|	**0**	**1**
II			8	2	0	|	4	0
IV				2	0	|	6	0

Da auch die gesuchte Größe x_5 nicht über das Gleichungssystem bestimmt ist, wird auch diese Größe noch frei gewählt:[30]

Sei $\quad x_5 = \mu_5 \in \mathbb{R}.$

[30] Üblicherweise werden alle frei wählbaren Größen in einem Arbeitsschritt gewählt und dann das Gleichungstableau nur ein Mal neu geschrieben.

Das Einfügen dieser neuen Gleichung in das Gleichungssystem, unter der Erstellung einer weiteren Absolutgliedspalte für den neuen Parameter μ_5 liefert schließlich die vollständige Dreiecksmatrix:

I	5	–4	2	10	15	|	2	0	0
V		1	0	0	0	|	0	1	0
II			8	2	0	|	4	0	0
IV				2	0	|	6	0	0
VI					**1**	|	**0**	**0**	**1**

Die Determinante ist nun ungleich Null, so dass das System direkt mit dem Vorgehen des Kapitels 7 weiter gelöst wird.

7 Der Gauss-Rückwärts-Algorithmus

Das Tableau des linearen Gleichungssystems wurde bereits in die Dreiecksform überführt, so dass in der letzten Zeile nur noch die letzte Unbekannte enthalten ist. In der vorletzten Zeile finden sich noch die letzten zwei Unbekannten etc. – und in der ersten Zeile sind noch alle Unbekannten enthalten. Die Anzahl der Gleichungen ist gleich der Anzahl der gesuchten Größen:[31]

$$\begin{array}{c|cccc|c} \text{I} & a_{11} & a_{12} & \cdots & a_{1n} & b_1 \\ \text{II} & \mathbf{0} & a_{22} & \cdots & a_{2n} & b_2 \\ \vdots & \vdots & \vdots & & \vdots & \vdots \\ \text{N} & \mathbf{0} & \mathbf{0} & \cdots & a_{nn} & b_n \end{array}$$

Das Ziel ist nun, die unbekannten Größen, bis auf jeweils Eine, aus den oberen Gleichungen zu entfernen. In der ersten Zeile soll nur noch die erste gesuchte Größe, in der zweiten Zeile die zweite gesuchte Größe, etc. übrig bleiben.

Dazu müssen im Tableau, in oberer rechter Position, Nullen erzeugt werden, so dass das Gleichungssystem eine *Diagonalform* erhält:

$$\begin{array}{c|ccccc|c} \text{I} & a_{11} & \mathbf{0} & & \cdots & \mathbf{0} & b_1 \\ \text{II} & 0 & a_{22} & & \cdots & \mathbf{0} & b_2 \\ \vdots & \vdots & \vdots & \ddots & & \vdots & \vdots \\ \text{N-1} & & & & \ddots & \mathbf{0} & b_{n-1} \\ \text{N} & 0 & 0 & & 0 & a_{nn} & b_n \end{array}$$

Hierzu wird der Algorithmus zur Erzeugung der unteren linken Nullen umgekehrt.

7.1 Festlegung des Pivot-Elementes

Da im Gauss-Rückwärts-Algorithmus die Vorgehensweise der schrittweisen Entfernung von Unbekannten, im umgekehrter Reihenfolge fortgesetzt wird, wird anfänglich die letzte Zeile des Systems als Pivot-Zeile gewählt. Entsprechend wird als Pivot-Spalte die letzte Spalte gesuchter Größen gewählt.

---

[31] Gegebenenfalls finden sich mehrere Absolutgliedspalten, in Folge der Einfügung von Parametern.

Für ein Tableau mit n Zeilen (und n gesuchten Größen) wird die Pivot-Zeile also zu $t=n$ gewählt und die Pivot-Spalte zu $p=n$ gewählt:

$$
\begin{array}{llcccc|cl}
 & & & & \downarrow & & & \\
\text{I} & a_{11} & a_{12} & \cdots & a_{1n} & & b_1 & \\
\text{II} & 0 & a_{22} & \cdots & a_{2n} & & b_2 & \\
\vdots & \vdots & \vdots & & \vdots & & \vdots & \\
\text{N} & 0 & 0 & \cdots & a_{nn} & & b_n & \leftarrow
\end{array}
$$

7.2 Neuberechnung des Tableaus

Zur Neuberechnung des Tableaus werden zunächst geeignete Erweiterungsfaktoren ermittelt und dann die entsprechend erweiterte Pivot-Zeile von allen vorhergehenden Zeilen subtrahiert. Dabei entstehen oberhalb der Pivot-Zeile, in der Pivot-Spalte, Nullen.

7.2.1 Ermittlung der Erweiterungsfaktoren

Für jede, der Pivot-Zeile vorhergehende Zeile, wird ein Erweiterungsfaktor gebildet und sinnvollerweise hinter der Pivot-Zeile notiert. Der Erweiterungsfaktor ist der Bruch aus dem Pivot-Element einer Zeile, geteilt durch das Pivot-Element der Pivot-Zeile.

Das heißt: Es sei

$$
\begin{array}{lccccccccc|cl}
 & & & & & & \downarrow & & & & & \\
\text{I} & a_{1;1} & \cdots & a_{1;p-i} & & \cdots & a_{1;p} & 0 & \cdots & 0 & b_1 & \\
\vdots & & \ddots & \vdots & & & \vdots & \vdots & & \vdots & \vdots & \\
\text{T-i} & & & a_{t-i;p-i} & & & a_{t-i;p} & 0 & \cdots & 0 & b_{t-i} & \\
\vdots & & & & & \ddots & \vdots & \vdots & & \vdots & \vdots & \\
\mathbf{T} & & & & & & \mathbf{a}_{t;p} & 0 & \cdots & 0 & b_t & \leftarrow \\
\vdots & & & & & & \vdots & \vdots & & \vdots & \vdots & \\
\text{N} & & & & & \cdots & 0 & 0 & \cdots & a_{nn} & b_n &
\end{array}
$$

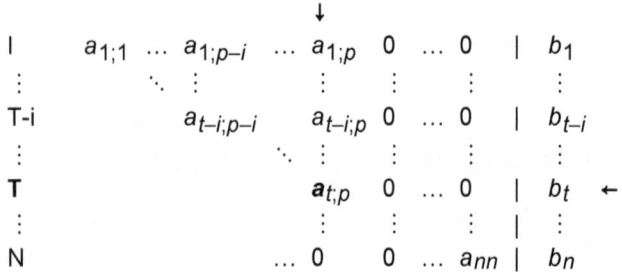

ein Resttableau mit der Pivot-Zeile t und der Pivot-Spalte p.

Als Erweiterungsfaktoren für die Zeilenkombinationen *(t; 1), (t; 2), ..., (t; t-1)* und die Pivot-Spalte p werden die Brüche $q_1, q_2, ..., q_{t-1}$ gebildet, gemäß:

$$q_1 = \frac{a_{1;p}}{a_{t;p}}, ..., q_2 = \frac{a_{2;p}}{a_{t;p}}, ..., q_{t-1} = \frac{a_{t-1;p}}{a_{t;p}}.$$

Diese Erweiterungsfaktoren werden wieder hinter der Pivot-Zeile notiert:

$$\begin{array}{llllllllll}
 & & & & \downarrow & & & & & \\
\text{I} & a_{1;1} \; \cdots & a_{1;p-i} & \cdots & a_{1;p} & 0 & \ldots \; 0 & | & b_1 & \\
\vdots & \ddots & \vdots & & \vdots & \vdots & \vdots & & \vdots & \\
\text{T-i} & & a_{t-i;p-i} & & a_{t-i;p} & 0 & \ldots \; 0 & | & b_{t-i} & \\
\vdots & & & \ddots & \vdots & \vdots & \vdots & & \vdots & \\
\mathbf{T} & & & & \mathbf{a}_{t;p} & 0 & \ldots \; 0 & | & b_t & \leftarrow \; | \frac{a_1}{a_t} \; \ldots \frac{a_{t-1}}{a_t} \\
\vdots & & & & \vdots & \vdots & \vdots & | & \vdots & \\
\text{N} & & & \ldots & 0 & 0 & \ldots \; a_{nn} & | & b_n &
\end{array}$$

Beispiel zur Ermittlung der Erweiterungsfaktoren: Es sei das nachfolgende Tableau mit der bereits markierten Pivot-Zeile $t=3$ und der Pivot-Spalte $p=3$ gegeben:

$$\begin{array}{llllllll}
 & & & \downarrow & & & & \\
\text{I} & 5 & -4 & 2 & & | & 2 & \\
\text{II} & & 2 & 8 & & | & 4 & \\
\text{III} & & & -6 & & | & 4 & \leftarrow \\
\text{IV} & & & & 6 & | & 14 &
\end{array}$$

Es werden die Erweiterungsfaktoren aus den Koeffizienten der Pivot-Spalte gebildet und hinter die Pivot-Zeile geschrieben:

$$\begin{array}{llllllll}
 & & & \downarrow & & & & \\
\text{I} & 5 & -4 & 2 & & | & 2 & \\
\text{II} & & 2 & 8 & & | & 4 & \\
\text{III} & & & -6 & & | & 4 & \leftarrow \; | \frac{2}{-6} \; \frac{8}{-6} \\
\text{IV} & & & & 6 & | & 14 &
\end{array}$$

7.2.2 Neuberechnung des Tableaus

Alle Zeilen, die der Pivot-Zeile vorhergehen, werden neu berechnet. Dazu wird die jeweils erweiterte Pivot-Zeile von jeder vorhergehenden Zeile subtrahiert, so dass in der Pivot-Spalte eine Null entsteht.

Hierbei ergibt sich eine Arbeitsersparnis: Da links von der aktuellen Pivot-Spalte, in der Pivot-Zeile bereits Nullen erzeugt wurden, ergibt die Differenzbildung für die aktuell zu berechnende Zeile, unveränderte Koeffizienten (es wird stets Null subtrahiert). Die Koeffizienten links der Pivot-Spalte können daher unverändert übernommen werden und müssen nicht neu berechnet werden.

In der Pivot-Spalte werden oberhalb der Pivot-Zeile absichtlich Nullen erzeugt, so dass auch diese Koeffizienten nicht berechnet werden müssen.

Schließlich finden sich in der Pivot-Zeile und rechts der Pivot-Spalte nur Koeffizienten der gesuchten Größen, die bereits zu Null erzeugt wurden. Die Differenzbildung führt also auch hier auf keine neuen Koeffizienten.

Folglich sind nur die Koeffizienten der Absolutgliedspalten neu zu berechnen.

Das neu entstehende Tableau erhält somit auf der linken Seite des Gleichheitszeichens, in der Pivot-Spalte, oberhalb der Pivot-Zeile Nullen und bleibt ansonsten unverändert:

$$
\begin{array}{lcccccccccl}
 & & & & & \downarrow \text{neu} & & & & & \\
\text{I} & a_{1;1} & \cdots & a_{1;p-i} & \cdots & \mathbf{0} & 0 & \cdots & 0 & | \\
\vdots & & \ddots & \vdots & & \vdots & \vdots & & \vdots & \\
\text{T-i} & & & a_{t-i;p-i} & & \mathbf{0} & 0 & \cdots & 0 & | \\
\vdots & & & & \ddots & \vdots & \vdots & & \vdots & \\
\mathbf{T} & & & & & \mathbf{a_{t;p}} & 0 & \cdots & 0 & | \\
\vdots & & & & & \vdots & \vdots & & \vdots & | \\
\text{N} & & & & \cdots & 0 & 0 & \cdots & a_{nn} & |
\end{array}
$$

Auf der rechten Seite des Gleichheitszeichens werden die Koeffizienten der Absolutgliedspalten neu berechnet, indem jeweils die erweiterte Pivot-Zeile von jeder vorhergehenden Zeile subtrahiert wird.

Die Zeile 1 wird neu berechnet, indem die Pivot-Zeile t mit dem Faktor $\frac{a_1}{a_t}$ erweitert und dann von der Zeile 1 subtrahiert wird:

$$\begin{array}{lll} \text{T} & -\frac{a_1}{a_t}(& a_{t;p} \quad a_{t;p+1} \quad \cdots \quad a_{t;n} \mid b_t \quad \ldots) \\ 1 & (& a_{1;p} \quad a_{1;p+1} \quad \cdots \quad a_{1;n} \mid b_1 \quad \ldots) \\ 1' & & \overline{a'_{1;p}} \quad \overline{a'_{1;p+1}} \quad \cdots \quad \overline{a'_{1;n}} \mid \overline{b'_1} \quad \ldots \end{array}$$

Die Zeile i wird neu berechnet, indem die Pivot-Zeile t mit dem Faktor $\frac{a_i}{a_t}$ erweitert und dann von der Zeile i subtrahiert wird:

$$\begin{array}{lll} \text{T} & -\frac{a_i}{a_t}(& a_{t;p} \quad a_{t;p+1} \quad \cdots \quad a_{t;n} \mid b_t \quad \ldots) \\ \text{i} & (& a_{i;p} \quad a_{i;p+1} \quad \cdots \quad a_{i;n} \mid b_i \quad \ldots) \\ \text{i}' & & \overline{a'_{i;p}} \quad \overline{a'_{i;p+1}} \quad \cdots \quad \overline{a'_{i;n}} \mid \overline{b'_i} \quad \ldots \end{array}$$

Dieses Vorgehen wird bis zu der, der Pivot-Zeile vorhergehenden Zeile t-1 fortgesetzt:

Die Zeile t-1 wird neu berechnet, indem die Pivot-Zeile t mit dem Faktor $\frac{a_{t-1}}{a_t}$ erweitert und dann von der Zeile t-1 subtrahiert wird:

$$\begin{array}{lll} \text{T} & -\frac{a_{t-1}}{a_t}(& a_{t;p} \quad a_{t;p+1} \quad \cdots \quad a_{t;n} \mid b_t \quad \ldots) \\ \text{T-1} & (& a_{t-1;p} \quad a_{t-1;p+1} \quad \cdots \quad a_{t-1;n} \mid b_{t-1} \quad \ldots) \\ (\text{T-1})' & & \overline{a'_{t-1;p}} \quad \overline{a'_{t-1;p+1}} \quad \cdots \quad \overline{a'_{t-1;n}} \mid \overline{b'_{t-1}} \quad \ldots \end{array}$$

Zur Neuberechnung des Koeffizienten $a_{i;p+k}$ der i-ten, der Pivot-Zeile t vorhergehenden Zeile i, in der k-ten, auf die Pivot-Spalte p folgenden Spalte $p+k$ ergibt sich somit:[32]

$$a_{i;p+k} = a_{i;p+k} - q_{t;i}\, a_{t;p+k}$$

[32] Steht ein (Pocket-) Computer zur Verfügung, der die mathematischen *Hierarchieregeln* (=Rangordnungsregeln, vgl.: Band 1) beherrscht, so kann dieser Ausdruck direkt eingegeben werden.

Neu berechnet werden also alle Koeffizienten oberhalb der Pivot-Zeile und rechts vom Gleichheitszeichen:

$$\begin{array}{llllllll|lll}
 & & & & \downarrow \text{neu} & & & & \downarrow \text{neu} & \downarrow \text{neu} & \\
\text{I} & a_{1;1} & \cdots & a_{1;p-i} & \cdots\ \mathbf{0} & 0 & \cdots & 0 & \boldsymbol{b}_1^{/} & \cdots & \\
\vdots & & \ddots & \vdots & \vdots & \vdots & & \vdots & \vdots & & \\
\text{T-i} & & & a_{t-i;p-i} & \mathbf{0} & 0 & \cdots & 0 & \boldsymbol{b}_{t-i}^{/} & \cdots & \\
\vdots & & & \ddots & \vdots & \vdots & & \vdots & \vdots & & \\
\mathbf{T} & & & & \boldsymbol{a}_{t;p} & 0 & \cdots & 0 & b_t & \leftarrow & \\
\vdots & & & & \vdots & \vdots & & \vdots & \vdots & & \\
\text{N} & & & & \cdots\ 0 & 0 & \cdots & a_{nn} & b_n & &
\end{array}$$

Beispiel zur Neuberechnung des Tableaus: Es sei das nachfolgende Tableau mit der bereits markierten Pivot-Zeile $t=3$, der Pivot-Spalte $p=3$ und den bereits notierten Erweiterungsfaktoren gegeben:

			↓					
I	5	–4	2		| 2			
II		2	8		| 4			
III			–6		| 4	←	| $\frac{2}{-6}$	$\frac{8}{-6}$
IV				6	| 14			

In der Pivot-Spalte, oberhalb der Pivot-Zeile entstehen die absichtlich erzeugten Nullen, die übrigen Koeffizienten bleiben auf der linken Seite des Gleichheitszeichens unverändert:

			↓			
I	5	–4	**0**		| ?	
II		2	**0**		| ?	
III			–6		| 4	←
IV				6	| 14	

Nur die Koeffizienten auf der rechten Seite des Gleichheitszeichens, die Absolutglieder werden neu berechnet. Für die Gleichung I ergibt sich

$b_1 = 2 - \frac{2}{-6}4.$

Entsprechend wird das Absolutglied der Gleichung II neu berechnet

$b_2 = 4 - \frac{8}{-6}4.$

Damit ergibt sich das neue Tableau

$$\begin{array}{l|cccc|c} \text{I} & 5 & -4 & & & \frac{10}{3} \\ \text{II} & & 2 & & & \frac{28}{3} \\ \text{III} & & & -6 & & 4 \\ \text{IV} & & & & 6 & 14 \end{array}$$

7.3 Wahl eines neuen Pivot-Elementes

Um das Tableau in die Diagonalform zu überführen, wird das im Abschnitt 7.2 beschriebene Vorgehen mit einer neuen Pivot-Zeile und einer neuen Pivot-Spalte wiederholt. Dazu wird als neue Pivot-Zeile die, der bisherigen Pivot-Zeile t vorhergehende Zeile t-1 gewählt. Ebenso wird die neue Pivot-Spalte die, der bisherigen Pivot-Spalte p vorhergehende Spalte p-1 gewählt.

Hier sind zwei Fälle zu unterscheiden:

7.3.1 Fall 1 (Abbruch)

Ist die neue Pivot-Zeile die erste Zeile des Tableaus, dann ist das Tableau so weit in die Diagonalform überführt, wie es möglich ist.

Weiter mit Kapitel 8

7.3.2 Fall 2 (Wiederholung des Algorithmus)

Die Pivot-Zeile ist **nicht** die erste Zeile des Tableaus.

Das Tableau wird weiter in die Diagonalform überführt.

Das heißt: Es sei das Resttableau mit der bisherigen Pivot-Zeile *t* und der bisherigen Pivot-Spalte *p* gegeben:

				↓ p_{bisher}				
I	$a_{1;1}$		$a_{1;p-1}$	**0**	…	0	b_1	
⋮	⋮		⋮	⋮		⋮	⋮	
T-1	0	… 0	$a_{t-1;p-1}$	**0**	…	0	b_{t-1}	
T	0	… 0	0	$\mathbf{a}_{t;p}$	…	0	b_t	← t_{bisher}
⋮	⋮		⋮	⋮	⋱	⋮	⋮	
N	0	… 0	0	$a_{n;p}$	…	a_{nn}	b_n	

Als neue Pivot-Zeile wird die Zeile *t*-1 und als Pivot-Spalte die Spalte *p*-1 gewählt:

			↓ p_{neu}					
I	$a_{1;1}$		$a_{1;p-1}$	0	…	0	b_1	
⋮	⋮	⋱	⋮	⋮		⋮	⋮	
T-1	0	… 0	$\mathbf{a}_{t-1;p-1}$	0	…	0	b_{t-1}	← t_{neu}
T	0	… 0	0	$a_{t;p}$	…	0	b_t	
⋮	⋮		⋮	⋮	⋱	⋮	⋮	
N	0	… 0	0	0	…	a_{nn}	b_n	

Weiter mit Abschnitt 7.2

7.4.1.B Fortführung des Beispiels B 1

Es sei das Tableau in Dreiecksform aus Kapiel 6 gegeben:

III	–4	2	–8	12
II		2	–4	32
I			8	–38

Zur Überführung des Systems in die Diagonalform wird zunächst die letzte Zeile als Pivot-Zeile und die letzte Unbekanntenspalte als Pivot-Spalte gewählt:

			↓		
III	–4	2	–8	12	
II		2	–4	32	
I			**8**	–38	←

Die Erweiterungsfaktoren werden aus den Koeffizienten der Pivot-Spalte gebildet und hinter die Pivot-Zeile geschrieben:

			↓			
III	–4	2	–8	|	12	
II		2	–4	|	32	
I			**8**	|	–38	← $\left|\frac{-8}{8}\ \frac{-4}{8}\right.$

Zur Neuberechnung des Tableaus – für die, der Pivot-Zeile vorhergehenden Zeilen – müssen nur die Koeffizienten rechts des Gleichheitszeichens berechnet werden. Für die erste Zeile (Gleichung III) ergibt sich

$$b_1 = 12 - \frac{-8}{8}(-38)$$

und entsprechend wird in der zweiten Zeile das Absolutglied neu berechnet

$$b_2 = 32 - \frac{-4}{8}(-38).$$

Damit ergibt sich das Tableau mit den absichtlich erzeugten Nullen der Pivot-Spalte

			↓			
III	–4	2		|	–26	
II		2		|	13	
I			**8**	|	–38	←

Nach dieser Neuberechnung des Tableaus wird die Pivot-Zeile eine Zeile nach oben verschoben. Da die neue Pivot-Zeile noch nicht die erste Zeile ist, wird die Pivot-Spalte eine Spalte nach links verschoben und erneut die Erweiterungsfaktoren aus den Koeffizienten der Pivot-Spalte gebildet:

		↓				
III	–4	2		|	–26	
II		**2**		|	13	← $\left|\frac{2}{2}\right.$
I			8	|	–38	

Das Tableau wird erneut neu berechnet. Hier ist nur noch das Absolutglied der ersten Zeile zu ermitteln:

$$b_1 = -26 - \frac{2}{2}(13).$$

In der Pivot-Spalte wird die absichtlich erzeugte Null nicht notiert:

III	–4			–39
II		2		13
I			8	–38

Die Pivot-Zeile wird eine Zeile nach oben verschoben, sie ist damit die erste Zeile und folglich wird der Algorithmus abgebrochen. Das System wurde in die Diagonalform überführt.

7.4.2.B Fortführung des Beispiels B 3

Es sei das Tableau in Dreiecksform aus Kapitel 6 gegeben:

I	5	–4	2	10	15	2	0	0
V		1	0	0	0	0	1	0
II			8	2	0	4	0	0
IV				2	0	6	0	0
VI					1	0	0	1

Zur Überführung des Systems in die Diagonalform wird zunächst die letzte Zeile als Pivot-Zeile und die letzte Unbekanntenspalte als Pivot-Spalte gewählt:

Die Erweiterungsfaktoren werden aus den Koeffizienten der Pivot-Spalte gebildet und hinter die Pivot-Zeile geschrieben:

					↓					
I	5	–4	2	10	15	2	0	0		
V		1	0	0	0	0	1	0		
II			8	2	0	4	0	0		
IV				2	0	6	0	0		
VI					**1**	0	0	1	←	$\frac{15}{1}\ \frac{0}{1}\ \frac{0}{1}\ \frac{0}{1}$

Zur Neuberechnung des Tableaus müssen nur die Koeffizienten rechts des Gleichheitszeichens, die Absolutglieder, berechnet werden. Für die erste Zeile ergeben sich für die drei Koeffizientenspalten

$$b_{1;1} = 2 - \frac{15}{1}0$$

$$b_{1;2} = 0 - \frac{15}{1}0$$

$$b_{1;3} = 0 - \frac{15}{1}1$$

und entsprechend werden in den folgenden Zeilen die Absolutglieder neu berechnet

$$b_{2;1} = 0 - \frac{0}{8} 0$$

$$b_{2;2} = 1 - \frac{0}{8} 0$$

$$b_{2;3} = 0 - \frac{0}{8} 1$$

etc.

Damit ergibt sich das Tableau mit den absichtlich erzeugten Nullen der Pivot-Spalte

					↓					
I	5	–4	2	10		|	2	0	–15	
V		1	0	0		|	0	1	0	
II			8	2		|	4	0	0	
IV				2		|	6	0	0	
VI					1	|	0	0	1	←

Die Pivot-Zeile wird um eine Zeile nach oben verschoben und die Pivot-Spalte um eine Spalte nach links verschoben. Die Erweiterungsfaktoren, gebildet aus den Koeffizienten der Pivot-Spalte, werden hinter der Pivot-Zeile notiert:

				↓						
I	5	–4	2	10		|	2	0	–15	
V		1	0	0		|	0	1	0	
II			8	2		|	4	0	0	
IV				**2**		|	6	0	0	← | $\frac{10}{2}$ $\frac{0}{2}$ $\frac{2}{2}$
VI					1	|	0	0	1	

Das Tableau wird neu berechnet. Die jeweils erweiterte Pivot-Zeile wird von jeder vorhergehenden Zeile subtrahiert:

				↓						
I	5	–4	2			|	–28	0	–15	
V		1	0			|	0	1	0	
II			8			|	–2	0	0	
IV				**2**		|	6	0	0	←
VI					1	|	0	0	1	

Die Pivot-Zeile und die Pivot-Spalte werden erneut verschoben und die Erweiterungsfaktoren notiert:

$$
\begin{array}{lccccc|ccccl}
 & & & \downarrow & & & & & & & \\
\text{I} & 5 & -4 & 2 & & & -28 & 0 & -15 & & \\
\text{V} & & 1 & 0 & & & 0 & 1 & 0 & & \\
\text{II} & & & \mathbf{8} & & & -2 & 0 & 0 & \leftarrow & |\frac{2}{8}\ \frac{0}{8} \\
\text{IV} & & & & 2 & & 6 & 0 & 0 & & \\
\text{VI} & & & & & 1 & 0 & 0 & 1 & &
\end{array}
$$

Eine Neuberechnung der oberen Zeilen liefert:

$$
\begin{array}{lccccc|ccccl}
 & & & \downarrow & & & & & & & \\
\text{I} & 5 & -4 & & & & -27{,}5 & 0 & -15 & & \\
\text{V} & & 1 & & & & 0 & 1 & 0 & & \\
\text{II} & & & \mathbf{8} & & & -2 & 0 & 0 & \leftarrow & |\frac{2}{8}\ \frac{0}{8} \\
\text{IV} & & & & 2 & & 6 & 0 & 0 & & \\
\text{VI} & & & & & 1 & 0 & 0 & 1 & &
\end{array}
$$

Wieder werden die Pivot-Zeile und die Pivot-Spalte verschoben und der einzige verbleibende Erweiterungsfaktor notiert:

$$
\begin{array}{lccccc|ccccl}
 & & \downarrow & & & & & & & & \\
\text{I} & 5 & -4 & & & & -27{,}5 & 0 & -15 & & \\
\text{V} & & \mathbf{1} & & & & 0 & 1 & 0 & \leftarrow & |\frac{-4}{1} \\
\text{II} & & & 8 & & & -2 & 0 & 0 & & \\
\text{IV} & & & & 2 & & 6 & 0 & 0 & & \\
\text{VI} & & & & & 1 & 0 & 0 & 1 & &
\end{array}
$$

Eine Neuberechnung des Tableaus

$$
\begin{array}{lccccc|cccc}
 & & \downarrow & & & & & & & \\
\text{I} & 5 & & & & & -27{,}5 & 4 & -15 & \\
\text{V} & & \mathbf{1} & & & & 0 & 1 & 0 & \leftarrow \\
\text{II} & & & 8 & & & -2 & 0 & 0 & \\
\text{IV} & & & & 2 & & 6 & 0 & 0 & \\
\text{VI} & & & & & 1 & 0 & 0 & 1 &
\end{array}
$$

führt auf die Diagonalform des, als Tableau geschriebenen, Gleichungssystems. Ein erneutes Verschieben der Pivot-Zeile nach oben liefert die Pivot-Zeile $t = 1$, also die oberste Zeile. Damit ist das Abbruchkriterium erfüllt:

$$
\begin{array}{cccccc|rrrl}
 & \downarrow & & & & & & & & \\
\text{I} & \mathbf{5} & & & & & -27{,}5 & 4 & -15 & \leftarrow \\
\text{V} & & 1 & & & & 0 & 1 & 0 & \\
\text{II} & & & 8 & & & -2 & 0 & 0 & \\
\text{IV} & & & & 2 & & 6 & 0 & 0 & \\
\text{VI} & & & & & 1 & 0 & 0 & 1 &
\end{array}
$$

8 Die GAUSS-Lösung

Das Gleichungssystem wurde in die Diagonalform überführt. Es enthält nur noch von Null verschiedene Koeffizienten auf der Hauptdiagonalen. Alle Koeffizienten links unterhalb und rechts oberhalb der Hauptdiagonalen sind Null:

$$\begin{array}{l|ccccc|cc} \text{I} & \mathbf{a_{11}} & 0 & \dots & \dots & 0 & b_1 & \dots \\ \text{II} & 0 & \mathbf{a_{22}} & & \dots & 0 & b_2 & \dots \\ \vdots & \vdots & & \ddots & & \vdots & \vdots & \\ & \vdots & \vdots & & \ddots & & & \\ \text{N} & 0 & 0 & \dots & & \mathbf{a_{nn}} & b_n & \dots \end{array}$$

Zur Ermittlung der gesuchten Größen, müssen nur noch die Koeffizienten der gesuchten Größen zu 1 erzeugt werden. Dazu wird eine jede Gleichung durch den Koeffizienten der einzigen, in ihr enthaltenen gesuchten Größe dividiert. Dieses Vorgehen heißt *Normieren.*

Die erste Zeile wird also durch den Koeffizienten a_{11}, die zweite Zeile durch den Koeffizienten a_{22}, etc. dividiert. Dieses Vorgehen wird zunächst wieder hinter dem Tableau notiert:

$$\begin{array}{l|ccccc|cc|l} \text{I} & \mathbf{a_{11}} & 0 & & \dots & 0 & b_1 & \dots & : a_{11} \\ \text{II} & 0 & \mathbf{a_{22}} & & \dots & 0 & b_2 & \dots & : a_{22} \\ \vdots & \vdots & & \ddots & & \vdots & \vdots & & \\ & \vdots & \vdots & & \ddots & & & & \\ \text{N} & 0 & 0 & \dots & & \mathbf{a_{nn}} & b_n & \dots & : a_{nn} \end{array}$$

Nach der Division einer jeden Zeile des Tableaus, steht auf der linken Seites des Gleichungssystems eine Diagonalmatrix mit ausschließlich Einsen auf der Diagonalen, eine *Einheitsmatrix E*:

$$\begin{array}{l|ccccc|cc} \text{I} & \mathbf{1} & 0 & & \dots & 0 & b_{x1} & \dots \\ \text{II} & 0 & \mathbf{1} & & \dots & 0 & b_{x2} & \dots \\ \vdots & \vdots & & \ddots & & \vdots & \vdots & \\ & \vdots & \vdots & & \ddots & & & \\ \text{N} & 0 & 0 & \dots & & \mathbf{1} & b_{xn} & \dots \end{array}$$

Damit ist das Gleichungssystem gelöst und die Lösung ist direkt ablesbar. Das Absolutglied[33] der *i*-ten Zeile gibt die Lösung der *i*-ten

[33] oder die Absolutglieder

gesuchten Größe an. Schließlich ist die Tableauschreibweise nur eine Kurzschreibweise des Gleichungssystems

$$\begin{array}{lccccl}
\text{I} & 1x_1 & & & & = b_{x1} \ \ldots \\
\text{II} & & 1x_2 & & & = b_{x2} \ \ldots \\
\vdots & & & \ddots & & \quad \vdots \\
 & & & & \ddots & \\
\text{N} & & & & 1x_n & = b_{xn} \ \ldots
\end{array}$$

8.1.B Fortführung des Beispiels B 1

Das Gleichungssystem des Beispiels B 1 wurde bereits in die Diagonalform überführt:

$$\begin{array}{lccc|r}
\text{III} & -4 & & & -39 \\
\text{II} & & 2 & & 13 \\
\text{I} & & & 8 & -38
\end{array}$$

Mittels eines Normierens wird auf der linken Seite des Tableaus eine Einheitsmatrix erzeugt

$$\begin{array}{lccc|r|r}
\text{III} & -4 & & & -39 & :\ (-4) \\
\text{II} & & 2 & & 13 & :\ 2 \\
\text{I} & & & 8 & -38 & :\ 8
\end{array}$$

so dass die Lösung direkt ablesbar wird:

$$\begin{array}{lccc|c}
\text{III} & 1 & & & \frac{-39}{-4} \\
\text{II} & & 1 & & \frac{13}{2} \\
\text{I} & & & 1 & \frac{-38}{8}
\end{array}$$

Also:

$$\begin{aligned}
x_1 &= \frac{39}{4} \\
x_2 &= \frac{13}{2} \\
x_3 &= -\frac{19}{4}
\end{aligned}$$

Damit ist das Gleichungssystem gelöst.

8.2.B Fortführung des Beispiels B 3

Das Gleichungssystem des Beispiels B 3 wurde bereits in die Diagonalform überführt:

$$\begin{array}{lccccc|rrr}
\text{I} & 5 & & & & & -27{,}5 & 4 & -15 \\
\text{V} & & 1 & & & & 0 & 1 & 0 \\
\text{II} & & & 8 & & & -2 & 0 & 0 \\
\text{IV} & & & & 2 & & 6 & 0 & 0 \\
\text{VI} & & & & & 1 & 0 & 0 & 1
\end{array}$$

Mittels eines Normierens wird auf der linken Seite des Tableaus eine Einheitsmatrix erzeugt

$$\begin{array}{lccccc|rrr|l}
\text{I} & 5 & & & & & -27{,}5 & 4 & -15 & :\ 5 \\
\text{V} & & 1 & & & & 0 & 1 & 0 & :\ 1 \\
\text{II} & & & 8 & & & -2 & 0 & 0 & :\ 8 \\
\text{IV} & & & & 2 & & 6 & 0 & 0 & :\ 2 \\
\text{VI} & & & & & 1 & 0 & 0 & 1 & :\ 1
\end{array}$$

Es ergibt sich das Tableau

$$\begin{array}{lccccc|rrr}
\text{I} & 1 & & & & & \frac{-27{,}5}{5} & \frac{4}{5} & \frac{-15}{5} \\
\text{V} & & 1 & & & & 0 & \frac{1}{1} & 0 \\
\text{II} & & & 1 & & & \frac{-2}{8} & 0 & 0 \\
\text{IV} & & & & 1 & & \frac{6}{2} & 0 & 0 \\
\text{VI} & & & & & 1 & 0 & 0 & \frac{1}{1}
\end{array}$$

Die Lösung ist auch hier für alle gesuchten Größen direkt ablesbar. Unter Berücksichtigung der frei gewählten Parameter $\mu_2 \in \mathbb{R}$ (in Zeile 2) und $\mu_5 \in \mathbb{R}$ (in Zeile 5), ergeben sich die gesuchten Größen zu

$$\begin{array}{lccccccrll}
\text{I} & 1x_1 & & & & & = & -\frac{11}{2} & +\frac{4}{5}\mu_2 & -3\mu_5 \\
\text{V} & & 1x_2 & & & & = & 0 & +1\mu_2 & +0\mu_5 \\
\text{II} & & & 1x_3 & & & = & -\frac{1}{4} & +0\mu_2 & +0\mu_5 \\
\text{IV} & & & & 1x_4 & & = & 3 & +0\mu_2 & +0\mu_5 \\
\text{VI} & & & & & 1x_5 & = & 0 & +0\mu_2 & +1\mu_5
\end{array}$$

Also ergibt sich die 2-dimensionale Lösungsfunktion des 5-dimensionalen Raumes in vektorieller Darstellung:

$$\begin{pmatrix} x_1 \\ x_2 \\ x_3 \\ x_4 \\ x_5 \end{pmatrix} = \begin{pmatrix} \frac{11}{2} \\ 0 \\ -\frac{1}{4} \\ 3 \\ 0 \end{pmatrix} + \mu_2 \begin{pmatrix} \frac{4}{5} \\ 1 \\ 0 \\ 0 \\ 0 \end{pmatrix} + \mu_5 \begin{pmatrix} -3 \\ 0 \\ 0 \\ 0 \\ 1 \end{pmatrix}.$$

9 Übungsaufgaben zu linearen Gleichungssystemen

Die nachfolgenden Gleichungssysteme seien für $x_i \in \mathbb{R}$ zu lösen:

9.1 Aufgabe 9.1

$$\begin{array}{lrrrcr} \text{I} & 2x_1 & +6x_2 & +2x_3 & = & 20 \\ \text{II} & 14x_1 & +5x_2 & +4x_3 & = & 36 \\ \text{III} & 7x_1 & +4x_2 & +2x_3 & = & 21 \end{array}$$

Lösung Seite 113

9.2 Aufgabe 9.2

$$\begin{array}{lrrcr} \text{I} & 10x_1 & -2x_2 & = & 30 \\ \text{II} & x_1 & -10x_2 & = & -50 \\ \text{III} & 15x_1 & -2x_2 & = & 50 \end{array}$$

Lösung Seite 115

9.3 Aufgabe 9.3

$$\begin{array}{lrrrcr} \text{I} & 6x_1 & -4x_2 & +x_3 & = & 16 \\ \text{II} & x_1 & +x_2 & +x_3 & = & 21 \\ \text{III} & 7x_1 & -3x_2 & +2x_3 & = & 38 \end{array}$$

Lösung Seite 116

9.4 Aufgabe 9.4

$$\begin{array}{lrrrcr} \text{I} & 2x_1 & -14x_2 & +0x_3 & = & 12 \\ \text{II} & 0x_1 & +27x_2 & -3x_3 & = & -24 \\ \text{III} & x_1 & -16x_2 & +x_3 & = & 14 \end{array}$$

Lösung Seite 117

9.5 Aufgabe 9.5

$$\begin{array}{lrrrcr} \text{I} & 3x_1 & +9x_2 & -2x_3 & = & -6 \\ \text{II} & x_1 & -6x_2 & -x_3 & = & 6 \\ \text{III} & x_1 & 44x_2 & +x_3 & = & 2 \end{array}$$

Lösung Seite 120

9.6 Aufgabe 9.6

$$\begin{array}{lrrrrcr} \text{I} & x_1 & -15x_2 & +0x_3 & -16x_4 & = & 14 \\ \text{II} & x_1 & +3x_2 & -x_3 & +3x_4 & = & -3 \\ \text{III} & x_1 & -33x_2 & +x_3 & -35x_4 & = & 31 \\ \text{IV} & x_1 & +48x_2 & -x_3 & +51x_4 & = & -45 \end{array}$$

Lösung Seite 122

9.7 Aufgabe 9.7

$$\begin{array}{lrrrrrcr} \text{I} & x_1 & -8x_2 & +24x_3 & +32x_4 & -40x_5 & = & -32 \\ \text{II} & x_1 & +2x_2 & +9x_3 & +12x_4 & +85x_5 & = & 163 \\ \text{III} & x_1 & +10x_2 & -45x_3 & -60x_4 & -20x_5 & = & -107 \\ \text{IV} & x_1 & +12x_2 & -36x_3 & -48x_4 & +65x_5 & = & 45 \end{array}$$

Lösung Seite 126

9.8 Aufgabe 9.8

$$\begin{array}{lrrrrrcr} \text{I} & 6x_1 & -8x_2 & +6x_3 & -12x_4 & -12x_5 & = & -100 \\ \text{II} & -24x_1 & +32x_2 & -24x_3 & +52x_4 & +52x_5 & = & 440 \\ \text{III} & -18x_1 & +24x_2 & -18x_3 & +40x_4 & +40x_5 & = & 340 \\ \text{IV} & 30x_1 & -40x_2 & +30x_3 & -64x_4 & -64x_5 & = & -540 \end{array}$$

Lösung Seite 132

9.9 Aufgabe 9.9

$$\begin{array}{lrrrrrcr} \text{I} & 2x_1 & +5x_2 & +3x_3 & +5x_4 & +16x_5 & = & 422 \\ \text{II} & 3x_1 & +7x_2 & +3x_3 & +5x_4 & +16x_5 & = & 622 \\ \text{III} & 1x_1 & +2x_2 & +0x_3 & +1x_4 & +16x_5 & = & 202 \end{array}$$

Lösung Seite 138

9.10 Aufgabe 9.10

$$
\begin{array}{lrrcl}
\text{I} & 8\cdot 10^3 x_1 & +2\cdot 10^4 x_2 & = & 18{,}3\cdot 10^{-3} \\
\text{II} & 13\cdot 10^4 x_1 & -4\cdot 10^2 x_2 & = & 12{,}1\cdot 10^{-4}
\end{array}
$$

Lösung Seite 144

9.11 Aufgabe 9.11

$$
\begin{array}{lrrrcr}
\text{I} & 0x_1 & +0x_2 & +0x_3 & = & 10 \\
\text{II} & 0x_1 & +4x_2 & +2x_3 & = & 10 \\
\text{III} & 10x_1 & +2x_2 & +4x_3 & = & 2
\end{array}
$$

Lösung Seite 145

9.12 Aufgabe 9.12

$$
\begin{array}{lrrcr}
\text{I} & x_1 & +x_2 & = & 9 \\
\text{II} & x_1 & -x_2 & = & -7
\end{array}
$$

Lösung Seite 147

A Lösungen der Übungsaufgaben

A.1 Lösungen der Übungsaufgaben zur Anwendung des Gauss-Algorithmus

A.1.1 Lösung der Aufgabe 9.1

Es ist das Gleichungssystem

$$
\begin{array}{lrrrcl}
\text{I} & 2x_1 & +6x_2 & +2x_3 & = & 20 \\
\text{II} & 14x_1 & +5x_2 & +4x_3 & = & 36 \\
\text{III} & 7x_1 & +4x_2 & +2x_3 & = & 21
\end{array}
$$

für $x_1; x_2; x_3 \in \mathbb{R}$ zu lösen.

Das Gleichungssystem wird zunächst als Tableau geschrieben:

$$
\begin{array}{lrrr|r}
\text{I} & 2 & +6 & +2 & 20 \\
\text{II} & 14 & +5 & +4 & 36 \\
\text{III} & 7 & +4 & +2 & 21
\end{array}
$$

Als Pivot-Zeile wird die erste Zeile und als Pivot-Spalte die erste Spalte gewählt. Die Erweiterungsfaktoren, gebildet aus den Koeffizienten der Pivot-Spalte, werden hinter die Pivot-Zeile geschrieben:

$$
\begin{array}{lrrr|rl}
 & \downarrow & & & & \\
\text{I} & 2 & +6 & +2 & 20 & \leftarrow \left|\frac{14}{2} \;\; \frac{7}{2}\right. \\
\text{II} & 14 & +5 & +4 & 36 & \\
\text{III} & 7 & +4 & +2 & 21 &
\end{array}
$$

Das Tableau wird neu berechnet, indem die jeweils erweiterte Pivot-Zeile von den Zeilen 2; 3 subtrahiert wird. Anschließend werden die Pivot-Zeile eine Zeile nach unten verschoben, die Pivot-Spalte eine Spalte nach rechts verschoben und der nächste Erweiterungsfaktor hinter die Pivot-Zeile geschrieben:

$$
\begin{array}{lrrr|rl}
 & & \downarrow & & & \\
\text{I} & 2 & +6 & +2 & 20 & \\
\text{II} & & -37 & -10 & -104 & \leftarrow \left|\frac{-17}{-37}\right. \\
\text{III} & & -17 & -5 & -49 &
\end{array}
$$

Das Tableau wird erneut berechnet und die Pivot-Zeile eine Zeile nach unten verschoben:

$$\begin{array}{lccc|cl}
\text{I} & 2 & +6 & +2 & 20 & \\
\text{II} & & -37 & -10 & -104 & \\
\text{III} & & & -\frac{15}{37} & -\frac{45}{37} & \leftarrow
\end{array}$$

Da die Pivot-Zeile nun die letzte Zeile ist, wird das Produkt der Diagonalelemente des Tableaus überprüft:

$$d = (2)(-37)\left(-\frac{15}{37}\right)$$

$$d = 30.$$

Es ergibt sich ein von Null verschiedenes Produkt, so dass der GAUSS-Rückwärts-Algorithmus angewandt werden kann. Als Pivot-Spalte wird die letzte Unbekanntenspalte gewählt und die Erweiterungsfaktoren hinter der Pivot-Zeile notiert:

$$\begin{array}{lccc|cl}
 & & & \downarrow & & \\
\text{I} & 2 & +6 & +2 & 20 & \\
\text{II} & & -37 & -10 & -104 & \\
\text{III} & & & -\frac{15}{37} & -\frac{45}{37} & \leftarrow \ \left|\left(-\frac{74}{15}\right)\ \frac{370}{15}\right.
\end{array}$$

Die, der Pivot-Zeile vorhergehenden Zeilen werden neu berechnet, indem die jeweils erweiterte Pivot-Zeile von den vorhergehenden Zeilen subtrahiert wird. Anschließend werden die Pivot-Zeile eine Zeile nach oben verschoben, die Pivot-Spalte eine Spalte nach rechts verschoben und ein neuer Erweiterungsfaktor hinter der Pivot-Zeile notiert:

$$\begin{array}{lccc|cl}
 & & \downarrow & & & \\
\text{I} & 2 & 6 & & 14 & \\
\text{II} & & -37 & & -74 & \leftarrow \ \left|\left(-\frac{6}{37}\right)\right. \\
\text{III} & & & -\frac{15}{37} & -\frac{45}{37} &
\end{array}$$

Eine erneute Berechnung des Tableaus in der ersten Zeile, liefert die Diagonalmatrix, die nur noch normiert wird:

$$\begin{array}{lccc|cll}
 & \downarrow & & & & & \\
\text{I} & 2 & & & 2 & \leftarrow & |: \ 2 \\
\text{II} & & -37 & & -74 & & |: \ (-37) \\
\text{III} & & & -\frac{15}{37} & -\frac{45}{37} & & |: \ \left(-\frac{15}{37}\right)
\end{array}$$

Da auf der linken Seite des Tableaus nun eine Einheitsmatrix erzeugt wurde, kann die Lösung des Gleichungssystems direkt abgelesen werden

$$\begin{array}{llll} I & 1 & & & | \; 1 \\ II & & 1 & & | \; 2 \\ III & & & 1 & | \; 3 \end{array}$$

Das Tableau stellt die Kurzschreibweise des Gleichungssystems

$$\begin{array}{lllll} I & x_1 & & & = 1 \\ II & & x_2 & & = 2 \\ III & & & x_3 & = 3 \end{array}$$

dar. Damit sind die gesuchten Größen ermittelt.

$

A.1.2 Lösung der Aufgabe 9.2

Es ist das Gleichungsystem

$$\begin{array}{lrrcr} I & 10x_1 & -2x_2 & = & 30 \\ II & x_1 & -10x_2 & = & -50 \\ III & 15x_1 & -2x_2 & = & 50 \end{array}$$

für $x_1; x_2; x_3 \in \mathbb{R}$ zu lösen.

Das Gleichungssystem wird zunächst als Tableau geschrieben. Als Pivot-Zeile wird die erste Zeile und als Pivot-Spalte die erste Spalte gewählt. Die Erweiterungsfaktoren, gebildet aus den Koeffizienten der Pivot-Spalte, werden hinter die Pivot-Zeile geschrieben:

$$\begin{array}{lrrcrl} & \downarrow & & & & \\ I & 10 & -2 & | & 30 & \leftarrow \; | \frac{1}{10} \; \frac{15}{10} \\ II & 1 & -10 & | & -50 & \\ III & 15 & -2 & | & 50 & \end{array}$$

Das Tableau wird neu berechnet, indem die jeweils erweiterte Pivot-Zeile von den Zeilen 2; 3 subtrahiert wird. Anschließend werden die Pivot-Zeile eine Zeile nach unten verschoben, die Pivot-Spalte eine

Spalte nach rechts verschoben und der nächste Erweiterungsfaktor hinter die Pivot-Zeile geschrieben:

		↓			
I	10	-2	|	30	
II		$-\frac{49}{5}$	|	-53	$\leftarrow \mid\left(-\frac{5}{49}\right)$
III		1	|	5	

Das System wird neu berechnet. Eine Prüfung der linken Seite des Systems führt auf eine Zeile, in der alle Koeffizienten gleich Null sind. Das Absolutglied dieser Zeile ist jedoch von Null verschieden. Es ergibt sich also ein Widerspruch:

I	10	-2	|	30	
II		$-\frac{49}{5}$	|	-53	
III		0	|	$-\frac{20}{49}$	|Widerspruch

Damit ist die Lösung des Gleichungssystems leer.

$x_1; x_2; x_3 \in \emptyset$.

$

A.1.3 Aufgabe 9.3

Es ist das Gleichungssystem

$$
\begin{array}{llllll}
\text{I} & 6x_1 & -4x_2 & +x_3 & = & 16 \\
\text{II} & x_1 & +x_2 & +x_3 & = & 21 \\
\text{III} & 7x_1 & -3x_2 & +2x_3 & = & 38
\end{array}
$$

für $x_1; x_2; x_3 \in \mathbb{R}$ zu lösen.

Das Gleichungssystem wird zunächst als Tableau geschrieben. Als Pivot-Zeile wird die erste Zeile und als Pivot-Spalte die erste Spalte gewählt. Die Erweiterungsfaktoren, gebildet aus den Koeffizienten der Pivot-Spalte, werden hinter die Pivot-Zeile geschrieben:

	↓					
I	6	-4	1	=	16	$\leftarrow \mid\frac{1}{6}\ \frac{7}{6}$
II	1	1	1	=	21	
III	7	-3	$+2$	=	38	

Das Tableau wird neu berechnet, indem die jeweils erweiterte Pivot-Zeile von den Zeilen 2; 3 subtrahiert wird. Anschließend werden die

Pivot-Zeile eine Zeile nach unten verschoben, die Pivot-Spalte eine Spalte nach rechts verschoben und der nächste Erweiterungsfaktor hinter die Pivot-Zeile geschrieben:

$$\begin{array}{llllll} & & \downarrow & & & \\ \text{I} & 6 & -4 & 1 & = & 16 \\ \text{II} & & \frac{5}{3} & \frac{5}{6} & = & \frac{55}{3} \quad \leftarrow \ |1 \\ \text{III} & & \frac{5}{3} & \frac{5}{6} & = & \frac{58}{3} \end{array}$$

Das System wird neu berechnet. Eine Prüfung der linken Seite des Systems führt auf eine Zeile, in der alle Koeffizienten gleich Null sind. Das Absolutglied dieser Zeile ist jedoch von Null verschieden. Es ergibt sich also ein Widerspruch:

$$\begin{array}{llllll} \text{I} & 6 & -4 & 1 & = & 16 \\ \text{II} & & \frac{5}{3} & \frac{5}{6} & = & \frac{55}{3} \\ \text{III} & & & 0 & = & 1 \qquad |\text{Widerspruch} \end{array}$$

Damit ist die Lösung des Gleichungssystems leer.

$x_1; x_2; x_3 \in \emptyset$.

$

A.1.4 Aufgabe 9.4

Es ist das Gleichungssystem

$$\begin{array}{llllll} \text{I} & 2x_1 & -14x_2 & +0x_3 & = & 12 \\ \text{II} & 0x_1 & +27x_2 & -3x_3 & = & -24 \\ \text{III} & x_1 & -16x_2 & +x_3 & = & 14 \end{array}$$

für $x_1; x_2; x_3 \in \mathbb{R}$ zu lösen.

Das Gleichungssystem wird zunächst als Tableau geschrieben. Als Pivot-Zeile wird die erste Zeile und als Pivot-Spalte die erste Spalte gewählt. Die Erweiterungsfaktoren, gebildet aus den Koeffizienten der Pivot-Spalte, werden hinter die Pivot-Zeile geschrieben:

$$\begin{array}{llllll} & \downarrow & & & & \\ \text{I} & 2 & -14 & 0 & | & 12 \quad \leftarrow \ |\frac{0}{2} \ \frac{1}{2} \\ \text{II} & 0 & 27 & -3 & | & -24 \\ \text{III} & 1 & -16 & 1 & | & 14 \end{array}$$

Das Tableau wird neu berechnet, indem die jeweils erweiterte Pivot-Zeile von den Zeilen 2; 3 subtrahiert wird. Anschließend werden die Pivot-Zeile eine Zeile nach unten verschoben, die Pivot-Spalte eine Spalte nach rechts verschoben und der nächste Erweiterungsfaktor hinter die Pivot-Zeile geschrieben:

		↓				
I	2	−14	0	|	12	
II		27	−3	|	−24	← $\|\left(-\frac{9}{27}\right)$
III		−9	1	|	8	

Das System wird neu berechnet. Eine Prüfung der linken Seite des Systems führt auf eine Zeile, in der alle Koeffizienten gleich Null sind. Das Absolutglied dieser Zeile ist ebenfalls gleich Null. Es ergibt sich also eine wahre Aussage, so dass diese Zeile entfällt:

I	2	−14	0	|	12	
II		27	−3	|	−24	
III			0	|	0	|true

Das neu entstandene System wurde damit weitestgehend in die Dreiecksform überführt, denn die Pivot-Zeile ist die letzte Zeile.

I	2	−14	0	|	12	
II		27	−3	|	−24	←

Da die Pivot-Zeile nun die letzte Zeile ist, wird das Produkt der Diagonalelemente des Tableaus überprüft:

$$d=(2)(27)(0)$$

$$d=0.$$

Das Produkt der Diagonalelemente ist Null. Somit wird die gesuchte Größe, deren Koeffizient Null ist, frei gewählt:

Sei $\quad x_3=\mu_3 \in \mathbb{R}.$

Unter Erstellung einer zusätzlichen Absolutgliedspalte wird die neue Gleichung in das System eingefügt. Als Pivot-Zeile werden die letzte

Zeile und als Pivot-Spalte die letzte Unbekanntenspalte gewählt. Die Erweiterungsfaktoren werden hinter der Pivot-Zeile notiert:

$$\begin{array}{lccc|cccl}
 & & & \downarrow & & & & \\
\text{I} & 2 & -14 & 0 & 12 & 0 & & \\
\text{II} & & 27 & -3 & -24 & 0 & & \\
\text{IV} & & & 1 & 0 & 1 & \leftarrow & |\tfrac{0}{1}\ \left(-\tfrac{3}{1}\right)
\end{array}$$

Das System wird neu berechnet, die Pivot-Zeile eine Zeile nach oben und die Pivot-Spalte eine Spalte nach links verschoben. Der einzige verbleibende Erweiterungsfaktor wird wieder hinter der Pivot-Zeile notiert:

$$\begin{array}{lccc|cccl}
 & & \downarrow & & & & & \\
\text{I} & 2 & -14 & & 12 & 0 & & \\
\text{II} & & 27 & & -24 & 3 & \leftarrow & |\left(-\tfrac{14}{27}\right) \\
\text{IV} & & & 1 & 0 & 1 & &
\end{array}$$

Nach einer erneuten Neuberechnung des Systems, wird die Pivot-Zeile eine Zeile nach oben verschoben. Da die Pivot-Zeile nun die oberste Zeile ist, wurde das System vollständig in die Diagonalform überführt:

$$\begin{array}{lccc|ccc}
\text{I} & 2 & & & -\tfrac{4}{9} & \tfrac{14}{9} & \leftarrow \\
\text{II} & & 27 & & -24 & 3 & \\
\text{IV} & & & 1 & 0 & 1 &
\end{array}$$

Es müssen nur noch die Zeilen normiert, also durch die Koeffizienten der gesuchten Größen dividiert werden

$$\begin{array}{lccc|cc|l}
\text{I} & 2 & & & -\tfrac{4}{9} & \tfrac{14}{9} & :\ 2 \\
\text{II} & & 27 & & -24 & 3 & :\ 27 \\
\text{IV} & & & 1 & 0 & 1 & :\ 1
\end{array}$$

dann ist die Lösung des Gleichungssystems direkt ablesbar:

$$\begin{array}{lccc|cc}
\text{I} & 1 & & & -\tfrac{2}{9} & \tfrac{7}{9} \\
\text{II} & & 1 & & -\tfrac{24}{27} & \tfrac{1}{9} \\
\text{IV} & & & 1 & 0 & 1
\end{array}$$

Die Lösung ist hier also eine Funktion, abhängig vom frei wählbaren Parameter μ_3:

$$\begin{array}{llcrl} \text{I} & x_1 & = & -\frac{2}{9} & +\frac{7}{9}\mu_3 \\ \text{II} & x_2 & = & -\frac{24}{27} & +\frac{1}{9}\mu_3 \\ \text{IV} & x_3 & = & 0 & +1\mu_3 \end{array}$$

$

A.1.5 Aufgabe 9.5

Es ist das Gleichungssystem

$$\begin{array}{lrrrcr} \text{I} & 3x_1 & +9x_2 & -2x_3 & = & -6 \\ \text{II} & x_1 & -6x_2 & -x_3 & = & 6 \\ \text{III} & x_1 & 44x_2 & +x_3 & = & 2 \end{array}$$

für $x_1; x_2; x_3 \in \mathbb{R}$ zu lösen.

Das Gleichungssystem wird zunächst als Tableau geschrieben. Als Pivot-Zeile wird die erste Zeile und als Pivot-Spalte die erste Spalte gewählt. Die Erweiterungsfaktoren, gebildet aus den Koeffizienten der Pivot-Spalte, werden hinter die Pivot-Zeile geschrieben:

$$\begin{array}{lrrrlr} & \downarrow & & & & \\ \text{I} & 3 & 9 & -2 & | & -6 \leftarrow |\frac{1}{3}\ \frac{1}{3} \\ \text{II} & 1 & -6 & -1 & | & 6 \\ \text{III} & 1 & 44 & 1 & | & 2 \end{array}$$

Das Tableau wird neu berechnet, indem die jeweils erweiterte Pivot-Zeile von den Zeilen 2; 3 subtrahiert wird. Anschließend werden die Pivot-Zeile eine Zeile nach unten verschoben, die Pivot-Spalte eine Spalte nach rechts verschoben und der nächste Erweiterungsfaktor hinter die Pivot-Zeile geschrieben:

$$\begin{array}{lrrrlr} & & \downarrow & & & \\ \text{I} & 3 & 9 & -2 & | & -6 \\ \text{II} & & -9 & -\frac{1}{3} & | & 8 \leftarrow |\left(-\frac{41}{9}\right) \\ \text{III} & & 41 & \frac{5}{3} & | & 4 \end{array}$$

Das Tableau wird wieder neu berechnet, indem die erweiterte Pivot-Zeile von der Zeile 3 subtrahiert wird. Anschließend wird die Pivot-Zeile eine Zeile nach unten verschoben:

$$\begin{array}{l|ccc|c}
\text{I} & 3 & 9 & -2 & -6 \\
\text{II} & & -9 & -\frac{1}{3} & 8 \\
\text{III} & & & \frac{4}{27} & \frac{364}{9} \leftarrow
\end{array}$$

Da die Pivot-Zeile nun die letzte Zeile ist, wird das Produkt der Diagonalelemente des Tableaus überprüft:

$$d=(3)(-9)\left(\frac{4}{27}\right)$$

$$d=-4.$$

Das Produkt der Diagonalelemente ist von Null verschieden. Daher werden als Pivot-Zeile die letzte Zeile und als Pivot-Spalte die letzte Unbekanntenspalte gewählt. Die Erweiterungsfaktoren werden wieder hinter der Pivot-Zeile notiert:

$$\begin{array}{l|ccc|c}
 & & & \downarrow & \\
\text{I} & 3 & 9 & -2 & -6 \\
\text{II} & & -9 & -\frac{1}{3} & 8 \\
\text{III} & & & \frac{4}{27} & \frac{364}{9} \leftarrow |\left(-\frac{27}{2}\right)\left(-\frac{9}{4}\right)
\end{array}$$

Das System wird neu berechnet, die Pivot-Zeile eine Zeile nach oben und die Pivot-Spalte eine Spalte nach links verschoben. Der einzige verbleibende Erweiterungsfaktor wird wieder hinter der Pivot-Zeile notiert:

$$\begin{array}{l|ccc|c}
 & & \downarrow & & \\
\text{I} & 3 & 9 & & 540 \\
\text{II} & & -9 & & 99 \leftarrow |\left(-\frac{9}{9}\right) \\
\text{III} & & & \frac{4}{27} & \frac{364}{9}
\end{array}$$

Nach einer erneuten Neuberechnung des Systems, wird die Pivot-Zeile eine Zeile nach oben verschoben. Da die Pivot-Zeile nun die oberste Zeile ist, wurde das System vollständig in die Diagonalform überführt. Damit müssen nur noch die Zeilen normiert, also durch die Koeffizienten der gesuchten Größe dividiert werden:

$$\begin{array}{lccc|c|l} \text{I} & 3 & & & 639 & :\ 3 \\ \text{II} & & -9 & & 99 & :\ (-9) \\ \text{III} & & & \frac{4}{27} & \frac{364}{9} & :\ \frac{4}{27} \end{array}$$

Aus dem Tableau

$$\begin{array}{lccc|c} \text{I} & 1 & & & 213 \\ \text{II} & & 1 & & -11 \\ \text{III} & & & 1 & 273 \end{array}$$

ist nun die Lösung direkt ablesbar und das Gleichungssystem damit gelöst:

$$\begin{array}{lcccl} \text{I} & x_1 & & & = 213 \\ \text{II} & & x_2 & & = -11 \\ \text{III} & & & x_3 & = 273 \end{array}$$

$

A.1.6 Aufgabe 9.6

Es ist das Gleichungssystem

$$\begin{array}{lccccrr} \text{I} & x_1 & -15x_2 & +0x_3 & -16x_4 & = & 14 \\ \text{II} & x_1 & +3x_2 & -x_3 & +3x_4 & = & -3 \\ \text{III} & x_1 & -33x_2 & +x_3 & -35x_4 & = & 31 \\ \text{IV} & x_1 & +48x_2 & -x_3 & +51x_4 & = & -45 \end{array}$$

für $x_1; x_2; x_3; x_4 \in \mathbb{R}$ zu lösen.

Das Gleichungssystem wird zunächst als Tableau geschrieben. Als Pivot-Zeile wird die erste Zeile und als Pivot-Spalte wird die erste Spalte gewählt. Die Erweiterungsfaktoren, gebildet aus den Koeffizienten der Pivot-Spalte, werden hinter die Pivot-Zeile geschrieben:

$$\begin{array}{lcccc|cl} & \downarrow & & & & & \\ \text{I} & 1 & -15 & 0 & -16 & 14 & \leftarrow \ |\frac{1}{1}\ \frac{1}{1}\ \frac{1}{1} \\ \text{II} & 1 & +3 & -1 & +3 & -3 & \\ \text{III} & 1 & -33 & +1 & -35 & 31 & \\ \text{IV} & 1 & +48 & -1 & +51 & -45 & \end{array}$$

Das Tableau wird neu berechnet, indem die jeweils erweiterte Pivot-Zeile von den Zeilen 2; 3; 4 subtrahiert wird. Anschließend werden die Pivot-Zeile eine Zeile nach unten verschoben, die Pivot-Spalte eine Spalte nach rechts verschoben und der nächste Erweiterungsfaktor hinter die Pivot-Zeile geschrieben:

$$
\begin{array}{lrrrrcrl}
 & & \downarrow & & & & & \\
\text{I} & 1 & -15 & 0 & -16 & | & 14 & \\
\text{II} & & 18 & -1 & 19 & | & -17 & \leftarrow \ |\left(-\frac{18}{18}\right) \ \frac{63}{18} \\
\text{III} & & -18 & 1 & -19 & | & 17 & \\
\text{IV} & & 63 & -1 & 67 & | & -59 &
\end{array}
$$

Das System wird neu berechnet. In der Zeile 3 finden sich links vom Gleichheitszeichen ausschließlich Nullen und auch das Absolutglied dieser Zeile ist Null:

$$
\begin{array}{lrrrrcrl}
\text{I} & 1 & -15 & 0 & -16 & | & 14 & \\
\text{II} & & 18 & -1 & 19 & | & -17 & \\
\text{III} & & & 0 & 0 & | & 0 & |\text{true} \\
\text{IV} & & & \frac{5}{2} & \frac{1}{2} & | & \frac{1}{2} &
\end{array}
$$

Die Gleichung ist also wahr und entfällt:

$$
\begin{array}{lrrrrcrl}
\text{I} & 1 & -15 & 0 & -16 & | & 14 & \\
\text{II} & & 18 & -1 & 19 & | & -17 & \\
\text{IV} & & & \frac{5}{2} & \frac{1}{2} & | & \frac{1}{2} & \leftarrow
\end{array}
$$

Da die Pivot-Zeile nun die letzte Zeile ist, wird das Produkt der Diagonalelemente des Tableaus überprüft:

$$d=(1)(18)\left(\frac{5}{2}\right)(0)$$

$$d=0.$$

Das Produkt der Diagonalelemente ist Null. Somit wird die gesuchte Größe, deren Koeffizient Null ist, frei gewählt:

Sei $\quad x_4=\mu_4 \in \mathbb{R}.$

Unter Erstellung einer zusätzlichen Absolutgliedspalte wird die neue Gleichung in das System eingefügt. Als Pivot-Zeile werden die letzte

Zeile und als Pivot-Spalte die letzte Unbekanntenspalte gewählt. Die Erweiterungsfaktoren werden hinter der Pivot-Zeile notiert:

$$\begin{array}{lcccc|ccl}
 & & & & \downarrow & & & \\
\text{I} & 1 & -15 & 0 & -16 & 14 & 0 & \\
\text{II} & & 18 & -1 & 19 & -17 & 0 & \\
\text{IV} & & & \frac{5}{2} & \frac{1}{2} & \frac{1}{2} & 0 & \\
\text{V} & & & & 1 & 0 & 1 & \leftarrow \;|\left(-\frac{16}{1}\right)\;\frac{19}{1}\;\frac{1}{2\cdot 1}
\end{array}$$

Das System wird neu berechnet, die Pivot-Zeile eine Zeile nach oben und die Pivot-Spalte eine Spalte nach links verschoben. Die Erweiterungsfaktoren werden wieder hinter der Pivot-Zeile notiert:

$$\begin{array}{lcccc|ccl}
 & & & \downarrow & & & & \\
\text{I} & 1 & -15 & 0 & & 14 & 16 & \\
\text{II} & & 18 & -1 & & -17 & -19 & \\
\text{IV} & & & \frac{5}{2} & & \frac{1}{2} & -\frac{1}{2} & \leftarrow \;|0\;\left(-\frac{1\cdot 2}{5}\right) \\
\text{V} & & & & 1 & 0 & 1 &
\end{array}$$

Das System wird neu berechnet, die Pivot-Zeile eine Zeile nach oben und die Pivot-Spalte eine Spalte nach links verschoben. Der einzige verbleibende Erweiterungsfaktor wird wieder hinter der Pivot-Zeile notiert:

$$\begin{array}{lcccc|ccl}
 & & \downarrow & & & & & \\
\text{I} & 1 & -15 & & & 14 & 16 & \\
\text{II} & & 18 & & & -\frac{84}{5} & -\frac{96}{5} & \leftarrow \;|\left(-\frac{15}{18}\right) \\
\text{IV} & & & \frac{5}{2} & & \frac{1}{2} & -\frac{1}{2} & \\
\text{V} & & & & 1 & 0 & 1 &
\end{array}$$

Nach einer weiteren Neuberechnung des Systems, wird die Pivot-Zeile eine Zeile nach oben verschoben. Da die Pivot-Zeile nun die oberste Zeile ist, wurde das System vollständig in die Diagonalform überführt. Damit müssen nur noch die Zeilen normiert, also durch die Koeffizienten der gesuchten Größe dividiert werden:

$$\begin{array}{lcccc|ccll}
\text{I} & 1 & & & & 0 & 0 & \leftarrow & |:\; 1 \\
\text{II} & & 18 & & & -\frac{84}{5} & -\frac{96}{5} & & |:\; 18 \\
\text{IV} & & & \frac{5}{2} & & \frac{1}{2} & -\frac{1}{2} & & |:\; \frac{5}{2} \\
\text{V} & & & & 1 & 0 & 1 & & |:\; 1
\end{array}$$

Damit wurde auf der linken Seite eine Einheitsmatrix erzeugt

$$
\begin{array}{l|cccc|cc}
\text{I} & 1 & & & & 0 & 0 \\
\text{II} & & 1 & & & -\frac{14}{15} & -\frac{16}{15} \\
\text{IV} & & & 1 & & \frac{1}{5} & -\frac{1}{5} \\
\text{V} & & & & 1 & 0 & 1
\end{array}
$$

so dass die Lösung des Systems direkt als Lösungsfunktion, abhängig vom Parameter μ_4, abgelesen werden kann:

$$
\begin{array}{llllll}
\text{I} & x_1 & & & & = 0 +0\mu_4 \\
\text{II} & & x_2 & & & = -\frac{14}{15} -\frac{16}{15}\mu_4 \\
\text{IV} & & & x_3 & & = \frac{1}{5} -\frac{1}{5}\mu_4 \\
\text{V} & & & & x_4 & = 0 +1\mu_4
\end{array}
$$

A.1.7 Aufgabe 9.7

Es ist das Gleichungssystem

$$\begin{array}{lrrrrrcr}
\text{I} & x_1 & -8x_2 & +24x_3 & +32x_4 & -40x_5 & = & -32 \\
\text{II} & x_1 & +2x_2 & +9x_3 & +12x_4 & +85x_5 & = & 163 \\
\text{III} & x_1 & +10x_2 & -45x_3 & -60x_4 & -20x_5 & = & -107 \\
\text{IV} & x_1 & +12x_2 & -36x_3 & -48x_4 & +65x_5 & = & 45
\end{array}$$

für $x_1; \ldots; x_5 \in \mathbb{R}$ zu lösen.

Das Gleichungssystem wird zunächst als Tableau geschrieben. Als Pivot-Zeile wird die erste Zeile und als Pivot-Spalte die erste Spalte gewählt. Die Erweiterungsfaktoren, gebildet aus den Koeffizienten der Pivot-Spalte, werden hinter die Pivot-Zeile geschrieben:

$$\begin{array}{lrrrrrcrl}
 & \downarrow & & & & & & & \\
\text{I} & 1 & -8 & 24 & 32 & -40 & | & -32 & \leftarrow \left|\frac{1}{1} \;\; \frac{1}{1} \;\; \frac{1}{1}\right. \\
\text{II} & 1 & 2 & 9 & 12 & 85 & | & 163 & \\
\text{III} & 1 & 10 & -45 & -60 & -20 & | & -107 & \\
\text{IV} & 1 & 12 & -36 & -48 & 65 & | & 45 &
\end{array}$$

Das Tableau wird neu berechnet, indem die jeweils erweiterte Pivot-Zeile von den Zeilen 2; 3; 4 subtrahiert wird. Anschließend werden die Pivot-Zeile eine Zeile nach unten verschoben, die Pivot-Spalte eine Spalte nach rechts verschoben und der nächste Erweiterungsfaktor hinter die Pivot-Zeile geschrieben:

		↓						
I	1	–8	24	32	–40	| –32		
II		10	–15	–20	125	| 195	←	$\vert\frac{18}{10}$ $\frac{20}{10}$
III		18	–69	–92	20	| –75		
IV		20	–60	–80	105	| 77		

Das Tableau wird neu berechnet, indem die jeweils erweiterte Pivot-Zeile von den Zeilen 3; 4 subtrahiert wird. Anschließend werden die Pivot-Zeile eine Zeile nach unten verschoben, die Pivot-Spalte eine Spalte nach rechts verschoben und der nächste Erweiterungsfaktor hinter die Pivot-Zeile geschrieben:

			↓					
I	1	–8	24	32	–40	| –32		
II		10	–15	–20	125	| 195		
III			–42	–56	–205	| –426	←	$\vert\frac{30}{42}$
IV			–30	–40	–145	| –313		

Das Tableau wird neu berechnet, indem die erweiterte Pivot-Zeile von der Zeile 4 subtrahiert wird. Anschließend wird die Pivot-Zeile eine Zeile nach unten verschoben:

$$\begin{array}{lccccc|c}
\text{I} & 1 & -8 & 24 & 32 & -40 & -32 \\
\text{II} & & 10 & -15 & -20 & 125 & 195 \\
\text{III} & & & -42 & -56 & -205 & -426 \\
\text{IV} & & & & 0 & \frac{10}{7} & -\frac{61}{7} \leftarrow
\end{array}$$

Da die Pivot-Zeile nun die letzte Zeile ist, wird das Produkt der Diagonalelemente des Tableaus überprüft:

$$d = (1)(10)(-42)(0)$$

$$d = 0.$$

Das Produkt der Diagonalelemente ist Null. Somit wird die gesuchte Größe, deren Koeffizient Null ist, frei gewählt:

Sei $x_4 = \mu_4 \in \mathbb{R}.$

Unter Erstellung einer zusätzlichen Absolutgliedspalte wird die neue Gleichung in das System eingefügt. Als Pivot-Zeile werden die letzte Zeile und als Pivot-Spalte die letzte Unbekanntenspalte gewählt. Die Erweiterungsfaktoren werden hinter der Pivot-Zeile notiert:

$$
\begin{array}{lrrrrrcrrl}
 & & & & & \downarrow & & & & \\
\text{I} & 1 & -8 & 24 & 32 & -40 & | & -32 & 0 & \\
\text{II} & & 10 & -15 & -20 & 125 & | & 195 & 0 & \\
\text{III} & & & -42 & -56 & -205 & | & -426 & 0 & \\
\text{V} & & & & 1 & 0 & & 0 & 1 & \\
\text{IV} & & & & & \frac{10}{7} & | & -\frac{61}{7} & 0 & \leftarrow \ |\left(-\frac{40\cdot 7}{10}\right) \ \frac{125\cdot 7}{10} \ \left(-\frac{205\cdot 7}{10}\right) \ 0
\end{array}
$$

Das System wird neu berechnet, die Pivot-Zeile eine Zeile nach oben und die Pivot-Spalte eine Spalte nach links verschoben. Die Erweiterungsfaktoren werden wieder hinter der Pivot-Zeile notiert:

$$
\begin{array}{lrrrrrcrrl}
 & & & & \downarrow & & & & & \\
\text{I} & 1 & -8 & 24 & 32 & & | & -276 & 0 & \\
\text{II} & & 10 & -15 & -20 & & | & \frac{1915}{2} & 0 & \\
\text{III} & & & -42 & -56 & & | & -1677 & 0 & \\
\text{V} & & & & 1 & & | & 0 & 1 & \leftarrow \ |\frac{32}{1} \ \left(-\frac{20}{1}\right) \ \left(-\frac{56}{1}\right) \\
\text{IV} & & & & & \frac{10}{7} & | & -\frac{61}{7} & 0 &
\end{array}
$$

Das System wird neu berechnet, die Pivot-Zeile eine Zeile nach oben und die Pivot-Spalte eine Spalte nach links verschoben. Die Erweiterungsfaktoren werden wieder hinter der Pivot-Zeile notiert:

$$\begin{array}{lccccc|cc l}
 & & & \downarrow & & & & & \\
\text{I} & 1 & -8 & 24 & & & -276 & -32 & \\
\text{II} & & 10 & -15 & & & \frac{1915}{2} & 20 & \\
\text{III} & & & -42 & & & -1677 & 56 & \leftarrow \ |\left(-\frac{24}{42}\right) \ \frac{15}{42} \\
\text{V} & & & & 1 & & 0 & 1 & \\
\text{IV} & & & & & \frac{10}{7} & -\frac{61}{7} & 0 &
\end{array}$$

Das System wird neu berechnet, die Pivot-Zeile eine Zeile nach oben und die Pivot-Spalte eine Spalte nach links verschoben. Der einzige verbleibende Erweiterungsfaktor wird wieder hinter der Pivot-Zeile notiert:

$$\begin{array}{lccccc|cc l}
 & & \downarrow & & & & & & \\
\text{I} & 1 & -8 & & & & -1234 & 0 & \\
\text{II} & & 10 & & & & 1556 & 0 & \leftarrow \ |\left(-\frac{8}{10}\right) \\
\text{III} & & & -42 & & & -1677 & 56 & \\
\text{V} & & & & 1 & & 0 & 1 & \\
\text{IV} & & & & & \frac{10}{7} & -\frac{61}{7} & 0 &
\end{array}$$

Nach einer weiteren Neuberechnung des Systems, wird die Pivot-Zeile eine Zeile nach oben verschoben. Da die Pivot-Zeile nun die oberste Zeile ist, wurde das System vollständig in die Diagonalform überführt. Damit müssen nur noch die Zeilen normiert, also durch die Koeffizienten der gesuchten Größe dividiert werden:

$$
\begin{array}{lccccc|rrcl}
\text{I} & 1 & & & & & 11 & 0 & \leftarrow & |: 1 \\
\text{II} & & 10 & & & & 1556 & 0 & & |: 10 \\
\text{III} & & & -42 & & & -1677 & 56 & & |: (-42) \\
\text{V} & & & & 1 & & 0 & 1 & & |: 1 \\
\text{IV} & & & & & \frac{10}{7} & -\frac{61}{7} & 0 & & |: \frac{10}{7}
\end{array}
$$

Das Tableau enthält auf der linken Seite eine Einheitsmatrix

$$
\begin{array}{lccccc|rr}
\text{I} & 1 & & & & & 11 & 0 \\
\text{II} & & 1 & & & & 155{,}6 & 0 \\
\text{III} & & & 1 & & & 39{,}68 & \frac{4}{3} \\
\text{V} & & & & 1 & & 0 & 1 \\
\text{IV} & & & & & 1 & -\frac{61}{10} & 0
\end{array}
$$

so dass die Lösung als Funktion des Parameters μ_4 direkt abgelesen werden kann:

$$\begin{array}{llllllcrl}
\text{I} & x_1 & & & & & = & 11 & +0\mu_4 \\
\text{II} & & x_2 & & & & = & 155,6 & +0\mu_4 \\
\text{III} & & & x_3 & & & = & 39,68 & +\frac{4}{3}\mu_4 \\
\text{V} & & & & x_4 & & = & 0 & +1\mu_4 \\
\text{IV} & & & & & x_5 & = & -\frac{61}{10} & +0\mu_4
\end{array}$$

$

A.1.8 Aufgabe 9.8

Es ist das Gleichungssystem

$$\begin{array}{lrrrrrcr}
\text{I} & 6x_1 & -8x_2 & +6x_3 & -12x_4 & -12x_5 & = & -100 \\
\text{II} & -24x_1 & +32x_2 & -24x_3 & +52x_4 & +52x_5 & = & 440 \\
\text{III} & -18x_1 & +24x_2 & -18x_3 & +40x_4 & +40x_5 & = & 340 \\
\text{IV} & 30x_1 & -40x_2 & +30x_3 & -64x_4 & -64x_5 & = & -540
\end{array}$$

für $x_1; \ldots; x_5 \in \mathbb{R}$ zu lösen.

Das Gleichungssystem wird zunächst als Tableau geschrieben. Als Pivot-Zeile wird die erste Zeile und als Pivot-Spalte die erste Spalte gewählt. Die Erweiterungsfaktoren, gebildet aus den Koeffizienten der Pivot-Spalte, werden hinter die Pivot-Zeile geschrieben:

	↓							
I	6	–8	6	–12	–12	|	–100	← $\mid\left(-\frac{24}{6}\right)\ \left(-\frac{18}{6}\right)\ \frac{30}{6}$
II	–24	32	–24	52	52	|	440	
III	–18	24	–18	40	40	|	340	
IV	30	–40	30	–64	–64	|	–540	

Das Tableau wird neu berechnet, indem die jeweils erweiterte Pivot-Zeile von den Zeilen 2; 3; 4 subtrahiert wird. Anschließend werden die Pivot-Zeile eine Zeile nach unten verschoben und die Pivot-Spalte eine Spalte nach rechts verschoben. Die Pivot-Elemente der Pivot-Zeile und der nachfolgenden Zeilen sind ausschließlich Null, so dass ein Zeilentausch nicht erfolgreich sein kann. Es wird die Pivot-Spalte so weit nach rechts verschoben, bis mindestens ein Pivot-Element von Null verschieden ist. Es ergibt sich die Pivot-Spalte 4. Die Erweiterungsfaktoren werden hinter die Pivot-Zeile geschrieben:

				↓				
I	6	–8	6	–12	–12	|	–100	
II		0	0	4	4	|	40	← $\mid\frac{4}{4}\ \left(-\frac{4}{4}\right)$
III		0	0	4	4	|	40	
IV		0	0	–4	–4	|	–40	

Das Tableau wird neu berechnet. Die Zeilen 3; 4 enthalten links vom Gleichheitszeichen ausschließlich Nullen und auch die Absolutglieder dieser Zeilen sind Null. Die Gleichungen sind also wahr

I	6	–8	6	–12	–12	|	–100	
II				4	4	|	40	
III					0	|	0	|true
IV					0	|	0	|true

und entfallen:

I	6	–8	6	–12	–12	|	–100
II				4	4	|	40

Da die Pivot-Zeile nun die letzte Zeile ist, wird das Produkt der Diagonalelemente des Tableaus überprüft:

$$d=(6)(0)(0)(0)(0)$$

$$d=0.$$

Das Produkt der Diagonalelemente ist Null. Somit werden die gesuchten Größen, deren Koeffizienten Null sind, frei gewählt:

Seien $x_2=\mu_2\in\mathbb{R}.$

$x_3=\mu_3\in\mathbb{R}.$

$x_5=\mu_5\in\mathbb{R}.$

Unter Erstellung zusätzlicher Absolutgliedspalten werden die neuen Gleichungen in das System eingefügt. Als Pivot-Zeile werden die letzte Zeile und als Pivot-Spalte die letzte Unbekanntenspalte gewählt. Die Erweiterungsfaktoren werden hinter der Pivot-Zeile notiert:

					↓							
I	6	–8	6	–12	–12	|	–100	0	0	0		
V		1	0	0	0	|	0	1	0	0		
VI			1	0	0	|	0	0	1	0		
II				4	4	|	40	0	0	0		
VII					1	|	0	0	0	1	←	$\vert\left(-\frac{12}{1}\right)$ 0 0 $\frac{4}{1}$

Das System wird neu berechnet, die Pivot-Zeile eine Zeile nach oben und die Pivot-Spalte eine Spalte nach links verschoben. Die Erweiterungsfaktoren werden wieder hinter der Pivot-Zeile notiert:

				↓								
I	6	–8	6	–12		|	–100	0	0	12		
V		1	0	0		|	0	1	0	0		
VI			1	0		|	0	0	1	0		
II				4		|	40	0	0	–4	←	$\vert\left(-\frac{12}{1}\right)$ 0 0
VII					1	|	0	0	0	1		

Das System wird neu berechnet, die Pivot-Zeile eine Zeile nach oben und die Pivot-Spalte eine Spalte nach links verschoben. Die Erweiterungsfaktoren werden wieder hinter der Pivot-Zeile notiert:

$$\begin{array}{r|ccccc|cccc|l}
 & & & \downarrow & & & & & & & \\
\text{I} & 6 & -8 & 6 & & & 20 & 0 & 0 & 0 & \\
\text{V} & & 1 & 0 & & & 0 & 1 & 0 & 0 & \\
\text{VI} & & & 1 & & & 0 & 0 & 1 & 0 & \leftarrow \; |\frac{6}{1} \quad 0 \\
\text{II} & & & & 4 & & 40 & 0 & 0 & -4 & \\
\text{VII} & & & & & 1 & 0 & 0 & 0 & 1 &
\end{array}$$

Das System wird neu berechnet, die Pivot-Zeile eine Zeile nach oben und die Pivot-Spalte eine Spalte nach links verschoben. Der einzige verbleibende Erweiterungsfaktor wird wieder hinter der Pivot-Zeile notiert:

$$\begin{array}{r|ccccc|cccc|l}
 & & \downarrow & & & & & & & & \\
\text{I} & 6 & -8 & & & & 20 & 0 & -6 & 0 & \\
\text{V} & & 1 & & & & 0 & 1 & 0 & 0 & \leftarrow \; |\left(-\frac{8}{1}\right) \\
\text{VI} & & & 1 & & & 0 & 0 & 1 & 0 & \\
\text{II} & & & & 4 & & 40 & 0 & 0 & -4 & \\
\text{VII} & & & & & 1 & 0 & 0 & 0 & 1 &
\end{array}$$

Nach einer weiteren Neuberechnung des Systems, wird die Pivot-Zeile eine Zeile nach oben verschoben. Da die Pivot-Zeile nun die oberste Zeile ist, wurde das System vollständig in die Diagonalform überführt. Damit müssen nur noch die Zeilen normiert, also durch die Koeffizienten der gesuchten Größe dividiert werden:

$$\begin{array}{l|ccccc|cccc|l} \text{I} & 6 & & & & & 20 & 8 & -6 & 0 \leftarrow & :6 \\ \text{V} & & 1 & & & & 0 & 1 & 0 & 0 & :1 \\ \text{VI} & & & 1 & & & 0 & 0 & 1 & 0 & :1 \\ \text{II} & & & & 4 & & 40 & 0 & 0 & -4 & :4 \\ \text{VII} & & & & & 1 & 0 & 0 & 0 & 1 & :1 \end{array}$$

Auf der linken Seite des Tableaus wurde eine Einheitsmatrix erzeugt

$$\begin{array}{l|ccccc|cccc} \text{I} & 1 & & & & & \frac{10}{3} & \frac{4}{3} & -1 & 0 \\ \text{V} & & 1 & & & & 0 & 1 & 0 & 0 \\ \text{VI} & & & 1 & & & 0 & 0 & 1 & 0 \\ \text{II} & & & & 1 & & 10 & 0 & 0 & -1 \\ \text{VII} & & & & & 1 & 0 & 0 & 0 & 1 \end{array}$$

so dass die Lösung, als Funktion der Parameter $\mu_2;\mu_3;\mu_5$, direkt abgelesen werden kann:

$$\begin{array}{llllllllll}
\text{I} & x_1 & & & & = & \frac{10}{3} & +\frac{4}{3}\mu_2 & -1\mu_3 & +0\mu_5 \\
\text{V} & & x_2 & & & = & 0 & +1\mu_2 & +0\mu_3 & +0\mu_5 \\
\text{VI} & & & x_3 & & = & 0 & +0\mu_2 & +1\mu_3 & +0\mu_5 \\
\text{II} & & & & x_4 & = & 10 & +0\mu_2 & +0\mu_3 & -1\mu_5 \\
\text{VII} & & & & x_5 & = & 0 & +0\mu_2 & +0\mu_3 & +1\mu_5
\end{array}$$

$

A.1.9 Aufgabe 9.9

Es ist das Gleichungssystem

$$\begin{array}{llllllll}
\text{I} & 2x_1 & +5x_2 & +3x_3 & +5x_4 & +16x_5 & = & 422 \\
\text{II} & 3x_1 & +7x_2 & +3x_3 & +5x_4 & +16x_5 & = & 622 \\
\text{III} & 1x_1 & +2x_2 & +0x_3 & +1x_4 & +16x_5 & = & 202
\end{array}$$

für $x_1;\ldots;x_5 \in \mathbb{R}$ zu lösen.

Das Gleichungssystem wird zunächst als Tableau geschrieben. Als Pivot-Zeile werden die erste Zeile und als Pivot-Spalte die erste Spalte gewählt. Die Erweiterungsfaktoren, gebildet aus den Koeffizienten der Pivot-Spalte, werden hinter die Pivot-Zeile geschrieben:

$$
\begin{array}{lccccc|lll}
 & \downarrow & & & & & & & \\
\text{I} & 2 & +5 & +3 & +5 & +16 & 422 & \leftarrow & |\frac{3}{2}\ \ \frac{1}{2} \\
\text{II} & 3 & +7 & +3 & +5 & +16 & 622 & & \\
\text{III} & 1 & +2 & +0 & +1 & +16 & 202 & &
\end{array}
$$

Das Tableau wird neu berechnet, indem die jeweils erweiterte Pivot-Zeile von den Zeilen 2; 3 subtrahiert wird. Anschließend werden die Pivot-Zeile eine Zeile nach unten verschoben, die Pivot-Spalte eine Spalte nach rechts verschoben und der nächste Erweiterungsfaktor hinter die Pivot-Zeile geschrieben:

$$
\begin{array}{lccccc|lll}
 & & \downarrow & & & & & & \\
\text{I} & 2 & 5 & 3 & 5 & 16 & 422 & & \\
\text{II} & & -\frac{1}{2} & -\frac{3}{2} & -\frac{5}{2} & -8 & -11 & \leftarrow & |\frac{1}{1} \\
\text{III} & & -\frac{1}{2} & -\frac{3}{2} & -\frac{3}{2} & 8 & -9 & &
\end{array}
$$

Das Tableau wird neu berechnet und anschließend die Pivot-Zeile eine Zeile nach unten verschoben:

$$
\begin{array}{lccccc|ll}
\text{I} & 2 & 5 & 3 & 5 & 16 & 422 & \\
\text{II} & & -\frac{1}{2} & -\frac{3}{2} & -\frac{5}{2} & -8 & -11 & \\
\text{III} & & & 0 & 1 & 16 & 2 & \leftarrow
\end{array}
$$

Da die Pivot-Zeile nun die letzte Zeile ist, wird das Produkt der Diagonalelemente des Tableaus überprüft:

$$d=(2)\left(-\frac{1}{2}\right)(0)(0)(0)$$

$$d=0.$$

Das Produkt der Diagonalelemente ist Null. Somit werden die gesuchte Größen, deren Koeffizienten Null sind, frei gewählt:

Seien $x_3=\mu_3\in\mathbb{R}$

$x_5=\mu_5\in\mathbb{R}.$

Unter Erstellung zusätzlicher Absolutgliedspalten werden die neuen Gleichungen in das System eingefügt. Als Pivot-Zeile werden die letzte Zeile und als Pivot-Spalte die letzte Unbekanntenspalte gewählt. Die Erweiterungsfaktoren werden hinter der Pivot-Zeile notiert:

$$\begin{array}{lccccccccccc}
 & & & & & \downarrow & & & & & & \\
\text{I} & 2 & 5 & 3 & 5 & 16 & | & 422 & 0 & 0 & & \\
\text{II} & & -\frac{1}{2} & -\frac{3}{2} & -\frac{5}{2} & -8 & | & -11 & 0 & 0 & & \\
\text{IV} & & & 1 & 0 & 0 & | & 0 & 1 & 0 & & \\
\text{III} & & & & 1 & 16 & | & 2 & 0 & 0 & & \\
\text{V} & & & & & 1 & | & 0 & 0 & 1 & \leftarrow & \left|\frac{16}{1}\right.\;\left(-\frac{8}{1}\right)\;0\;\frac{16}{1}
\end{array}$$

Das System wird neu berechnet, die Pivot-Zeile eine Zeile nach oben und die Pivot-Spalte eine Spalte nach links verschoben. Die Erweiterungsfaktoren werden wieder hinter der Pivot-Zeile notiert:

				↓						
I	2	5	3	5		|	422	0	–16	
II		$-\frac{1}{2}$	$-\frac{3}{2}$	$-\frac{5}{2}$		|	–11	0	8	
IV			1	0		|	0	1	0	
III				1		|	2	0	–16	$\leftarrow \lvert\frac{5}{1}\ \left(-\frac{5}{2\cdot 1}\right)\ 0$
V					1	|	0	0	1	

Das System wird neu berechnet, die Pivot-Zeile wird eine Zeile nach oben und die Pivot-Spalte eine Spalte nach links verschoben. Die Erweiterungsfaktoren werden wieder hinter der Pivot-Zeile notiert:

			↓							
I	2	5	3			|	412	0	64	
II		$-\frac{1}{2}$	$-\frac{3}{2}$			|	–6	0	–32	
IV			1	0		|	0	1	0	$\leftarrow \lvert\frac{3}{1}\ \left(-\frac{3}{2\cdot 1}\right)$
III				1		|	2	0	–16	
V					1	|	0	0	1	

Das System wird neu berechnet, die Pivot-Zeile eine Zeile nach oben und die Pivot-Spalte eine Spalte nach links verschoben. Der einzige verbleibende Erweiterungsfaktor wird wieder hinter der Pivot-Zeile notiert:

$$\begin{array}{llllll|rrrll}
 & & \downarrow & & & & & & & & \\
\text{I} & 2 & 5 & & & & 412 & -3 & 64 & & \\
\text{II} & & -\frac{1}{2} & & & & -6 & \frac{3}{2} & -32 & \leftarrow & \left|\left(-\frac{5\cdot 2}{1}\right)\right. \\
\text{IV} & & & 1 & & & 0 & 1 & 0 & & \\
\text{III} & & & & 1 & & 2 & 0 & -16 & & \\
\text{V} & & & & & 1 & 0 & 0 & 1 & &
\end{array}$$

Nach einer erneuten Neuberechnung des Systems, wird die Pivot-Zeile eine Zeile nach oben verschoben. Da die Pivot-Zeile nun die oberste Zeile ist, wurde das System vollständig in die Diagonalform überführt. Damit müssen nur noch die Zeilen normiert, also durch die Koeffizienten der gesuchten Größe dividiert werden:

$$\begin{array}{llllll|rrrlr}
\text{I} & 2 & & & & & 352 & 12 & -256 & \leftarrow & |:\ 2 \\
\text{II} & & -\frac{1}{2} & & & & -6 & \frac{3}{2} & -32 & & |:\ \left(-\frac{1}{2}\right) \\
\text{IV} & & & 1 & & & 0 & 1 & 0 & & |:\ 1 \\
\text{III} & & & & 1 & & 2 & 0 & -16 & & |:\ 1 \\
\text{V} & & & & & 1 & 0 & 0 & 1 & & |:\ 1
\end{array}$$

Das Tableau enthält auf der linken Seite eine Einheitsmatrix

$$\begin{array}{l|ccccc|ccc}
\text{I} & 1 & & & & & 176 & 6 & -128 \\
\text{II} & & 1 & & & & 12 & -3 & 64 \\
\text{IV} & & & 1 & & & 0 & 1 & 0 \\
\text{III} & & & & 1 & & 2 & 0 & -16 \\
\text{V} & & & & & 1 & 0 & 0 & 1
\end{array}$$

so dass die Lösung, als Funktion der Parameter $\mu_3;\mu_5$, direkt abgelesen werden kann:

$$\begin{array}{lccccccrrr}
\text{I} & x_1 & & & & & = & 176 & +6\mu_3 & -128\mu_5 \\
\text{II} & & x_2 & & & & = & 12 & -3\mu_3 & +64\mu_5 \\
\text{IV} & & & x_3 & & & = & 0 & +1\mu_3 & +0\mu_5 \\
\text{III} & & & & x_4 & & = & 2 & +0\mu_3 & -16\mu_5 \\
\text{V} & & & & & x_5 & = & 0 & +0\mu_3 & +1\mu_5
\end{array}$$

$

A.1.10 Aufgabe 9.10

Es ist das Gleichungssystem

$$\begin{array}{lrrcl} \text{I} & 8\cdot 10^3 x_1 & +2\cdot 10^4 x_2 & = & 18,3\cdot 10^{-3} \\ \text{II} & 13\cdot 10^4 x_1 & -4\cdot 10^2 x_2 & = & 12,1\cdot 10^{-4} \end{array}$$

für $x_1; x_2 \in \mathbb{R}$ zu lösen.

Das Gleichungssystem wird zunächst als Tableau geschrieben. Als Pivot-Zeile werden die erste Zeile und als Pivot-Spalte die erste Spalte gewählt. Der Erweiterungsfaktor, gebildet aus den Koeffizienten der Pivot-Spalte, wird hinter die Pivot-Zeile geschrieben:

$$\begin{array}{lrrl} & \downarrow & & \\ \text{I} & 8\cdot 10^3 & +2\cdot 10^4 & \mid 18,3\cdot 10^{-3} \leftarrow \mid \frac{13\cdot 10^4}{8\cdot 10^3} \\ \text{II} & 13\cdot 10^4 & -4\cdot 10^2 & \mid 12,1\cdot 10^{-4} \end{array}$$

Das Tableau wird neu berechnet, indem die erweiterte Pivot-Zeile von der Zeile 2 subtrahiert wird. Anschließend wird die Pivot-Zeile eine Zeile nach unten verschoben:

$$\begin{array}{lrrl} \text{I} & 8\cdot 10^3 & +2\cdot 10^4 & \mid 18,3\cdot 10^{-3} \\ \text{II} & & -3,254\cdot 10^5 & \mid -0,2962 \leftarrow \end{array}$$

Da die Pivot-Zeile nun die letzte Zeile ist, wird das Produkt der Diagonalelemente des Tableaus überprüft:

$$d = \left(8\cdot 10^3\right)\left(-3,254\cdot 10^5\right)$$

$$d = -2,603\cdot 10^9.$$

Das Produkt der Diagonalelemente ist von Null verschieden, also wird das System neu berechnet, die Pivot-Zeile eine Zeile nach oben und die Pivot-Spalte eine Spalte nach links verschoben. Der Erweiterungsfaktor wird wieder hinter der Pivot-Zeile notiert:

$$\begin{array}{lrrl} & & \downarrow & \\ \text{I} & 8\cdot 10^3 & +2\cdot 10^4 & \mid 18,3\cdot 10^{-3} \\ \text{II} & & -3,254\cdot 10^5 & \mid -0,2962 \leftarrow \mid \left(-\frac{18,3\cdot 10^{-3}}{0,2962}\right) \end{array}$$

Nach einer Neuberechnung des Systems, wird die Pivot-Zeile eine Zeile nach oben verschoben. Da die Pivot-Zeile nun die oberste Zeile ist, wurde das System vollständig in die Diagonalform überführt. Damit müssen nur noch die Zeilen normiert, also durch die Koeffizienten der gesuchten Größe dividiert werden:

$$\begin{array}{llll|ll} \text{I} & 8\cdot 10^3 & & 9{,}687\cdot 10^{-5} & & |:\ 8\cdot 10^3 \\ \text{II} & & -3{,}254\cdot 10^5 & -0{,}2962 & \leftarrow & |:\ (-3{,}254\cdot 10^5) \end{array}$$

Damit wird die Lösung direkt ablesbar:

$$\begin{array}{lll|l} \text{I} & 1 & & 1{,}211\cdot 10^{-8} \\ \text{II} & & 1 & 9{,}102\cdot 10^{-7} \end{array}$$

Das Gleichungssystem ist gelöst:

$$\begin{array}{llll} \text{I} & x_1 & & = 1{,}211\cdot 10^{-8} \\ \text{II} & & x_2 & = 9{,}102\cdot 10^{-7} \end{array}$$

$

A.1.11 Aufgabe 9.11

Es ist das Gleichungssystem

$$\begin{array}{lrrrcr} \text{I} & 0x_1 & +0x_2 & +1x_3 & = & 10 \\ \text{II} & 0x_1 & +4x_2 & +2x_3 & = & 10 \\ \text{III} & 10x_1 & +2x_2 & +4x_3 & = & 2 \end{array}$$

für $x_1; x_2; x_3 \in \mathbb{R}$ zu lösen.

Das Gleichungssystem wird zunächst als Tableau geschrieben. Als Pivot-Zeile werden die erste Zeile und als Pivot-Spalte die erste Spalte gewählt.

Das Pivot-Element der Pivot-Zeile ist gleich Null. In der Pivot-Spalte findet sich jedoch ein von Null verschiedener Koeffizient, daher wird zunächst ein Zeilentausch der Zeilen 1; 3 durchgeführt:

$$\begin{array}{lrrr|rcl} & \downarrow & & & & & \\ \text{I} & \mathbf{0} & +0 & +1 & 10 & \leftarrow & |\ \text{Zeilentausch I;III} \\ \text{II} & 0 & +4 & +2 & 10 & & \\ \text{III} & 10 & +2 & +4 & 2 & & \end{array}$$

Nun werden die Erweiterungsfaktoren, gebildet aus den Koeffizienten der Pivot-Spalte, hinter der Pivot-Zeile notiert:

	↓							
III	10	2	4	| 2	←	|0	0
II	0	4	2	| 10			
I	0	0	1	| 10			

Ee erfolgt eine Neuberechnung des Systems, die hier jedoch keine Veränderung bewirkt und übersprungen werden darf, da alle Erweiterungsfaktoren gleich Null sind. Die Pivot-Zeile wird eine Zeile nach oben verschoben und die Pivot-Spalte wird eine Spalte nach links verschoben. Der Erweiterungsfaktor, gebildet aus den Koeffizienten der Pivot-Spalte, wird hinter die Pivot-Zeile geschrieben:

		↓				
III	10	2	4	| 2		
II		4	2	| 10	←	|0
I		0	1	| 10		

Das Tableau wird neu berechnet (ohne sich dabei zu verändern):

III	10	2	4	| 2	
II		4	2	| 10	
I			1	| 10	←

Da die Pivot-Zeile nun die letzte Zeile ist, wird das Produkt der Diagonalelemente des Tableaus überprüft:

$$d=(10)(4)(1)$$

$$d=40.$$

Das Produkt der Diagonalelemente ist von Null verschieden. Also kann das System direkt weiter in die Diagonalform überführt werden. Als Pivot-Zeile werden die letzte Zeile und als Pivot-Spalte die letzte Unbekanntenspalte gewählt. Die Erweiterungsfaktoren werden hinter der Pivot-Zeile notiert:

			↓				
III	10	2	4	| 2			
II		4	2	| 10			
I			1	| 10	←	| $\frac{4}{1}$	$\frac{2}{1}$

Das System wird neu berechnet, die Pivot-Zeile eine Zeile nach oben und die Pivot-Spalte eine Spalte nach links verschoben. Der Erweiterungsfaktor wird wieder hinter der Pivot-Zeile notiert:

$$\begin{array}{llll|ll} & & \downarrow & & & \\ III & 10 & +2 & & -38 & \\ II & & +4 & & -10 & \leftarrow \mid \frac{2}{4} \\ I & & & +1 & 10 & \end{array}$$

Nach einer weiteren Neuberechnung des Systems, wird die Pivot-Zeile eine Zeile nach oben verschoben. Da die Pivot-Zeile nun die oberste Zeile ist, wurde das System vollständig in die Diagonalform überführt. Damit müssen nur noch die Zeilen normiert, also durch die Koeffizienten der gesuchten Größe dividiert werden:

$$\begin{array}{llll|lll} III & 10 & & & -33 & \leftarrow & \mid : 10 \\ II & & 4 & & -10 & & \mid : 4 \\ I & & & 1 & 10 & & \mid : 1 \end{array}$$

Das System enthält nun auf der linken Seite eine Einheitsmatrix

$$\begin{array}{llll|l} III & 1 & & & -\frac{33}{10} \\ II & & 1 & & -\frac{5}{2} \\ I & & & 1 & 10 \end{array},$$

so dass die Lösung des Systems direkt ablesbar ist:

$$\begin{array}{lllll} III & x_1 & & & = -\frac{33}{10} \\ II & & x_2 & & = -\frac{5}{2} \\ I & & & x_3 & = \ \ 10 \end{array}$$

$

A.1.12 Aufgabe 9.12

Es ist das Gleichungssystem

$$\begin{array}{llll} I & x_1 & +x_2 & = \ \ 9 \\ II & x_1 & -x_2 & = -7 \end{array}$$

für $x_1; x_2 \in \mathbb{R}$ zu lösen.

Das Gleichungssystem wird zunächst als Tableau geschrieben. Als Pivot-Zeile werden die erste Zeile und als Pivot-Spalte die erste

Spalte gewählt. Der einzige Erweiterungsfaktor, gebildet aus den Koeffizienten der Pivot-Spalte, wird hinter die Pivot-Zeile geschrieben:

$$\begin{array}{llcl} & \downarrow & & \\ \text{I} & 1 \quad 1 & | & 9 \leftarrow |\frac{1}{1} \\ \text{II} & 1 \quad -1 & | & -7 \end{array}$$

Das Tableau wird neu berechnet, indem die erweiterte Pivot-Zeile von der Zeile 2 subtrahiert wird. Anschließend wird die Pivot-Zeile eine Zeile nach unten verschoben:

$$\begin{array}{llcl} \text{I} & 1 \quad 1 & | & 9 \\ \text{II} & \quad\; -2 & | & -16 \leftarrow \end{array}$$

Da die Pivot-Zeile nun die letzte Zeile ist, wird das Produkt der Diagonalelemente des Tableaus überprüft:

$$d=(1)(-2)$$

$$d=-2.$$

Das Produkt der Diagonalelemente ist von Null verschieden. Also kann das System direkt weiter in die Diagonalform überführt werden. Als Pivot-Zeile werden die letzte Zeile und als Pivot-Spalte die letzte Unbekanntenspalte gewählt. Der einzige Erweiterungsfaktor wird hinter der Pivot-Zeile notiert:

$$\begin{array}{llcl} & \quad\;\; \downarrow & & \\ \text{I} & 1 \quad 1 & | & 9 \\ \text{II} & \quad\; -2 & | & -16 \leftarrow |\left(-\frac{1}{2}\right) \end{array}$$

Nach einer weiteren Neuberechnung des Systems, wird die Pivot-Zeile eine Zeile nach oben verschoben. Da die Pivot-Zeile nun die oberste Zeile ist, wurde das System vollständig in die Diagonalform überführt. Damit müssen nur noch die Zeilen normiert, also durch die Koeffizienten der gesuchten Größe dividiert werden:

$$\begin{array}{llcll} \text{I} & 1 \quad\;\; & | & 1 \leftarrow & |:\ 1 \\ \text{II} & \quad\; -2 & | & -16 & |:\ (-2) \end{array}$$

Das System enthält damit auf der linken Seite eine Einheitsmatrix

$$\begin{array}{llcl} \text{I} & 1 \quad\; & | & 1 \\ \text{II} & \quad\; 1 & | & 8\ ' \end{array}$$

so dass die Lösung direkt abgelesen werden kann:

$$\begin{array}{lll} \text{I} & x_1 & = 1 \\ \text{II} & x_2 & = 8 \end{array}$$

$

A.2 Lösungen der Übungsaufgaben zur Anwendung linearer Gleichungssysteme

A.2.1 Lösung der Übungsaufgabe zur linearen Abhängigkeit

Es sind 3 Vektoren $u; v; w \in \mathbb{R}^3$ gegeben mit

$$u = \begin{pmatrix} 2 \\ 4 \\ 6 \end{pmatrix}; v = \begin{pmatrix} 12 \\ 10 \\ 0 \end{pmatrix}; w = \begin{pmatrix} -44 \\ -32 \\ 12 \end{pmatrix}.$$

Es ist zu klären, ob diese Vektoren von einander linear abhängig sind (Seite 22).

Zur Untersuchung der linearen Abhängigkeit der Vektoren wird diese Abhängigkeit zunächst behauptet. Es muss dann

$$\mu u + \lambda v = w; \ \mu; \lambda \in \mathbb{R}$$

gelten. Diese Behauptung lässt sich als Gleichungssystem schreiben

$$\begin{array}{rrl} 2\mu & +12\lambda & = -44 \\ 4\mu & +10\lambda & = -32 \\ 6\mu & +0\lambda & = 12 \end{array}$$

das sich wiederum als Tableau darstellen lässt:

$$\begin{array}{lrr|r} \text{I} & 2 & 12 & -44 \\ \text{II} & 4 & 10 & -32 \\ \text{III} & 6 & 0 & 12 \end{array}$$

Das Gleichungssystem wird gelöst. Dazu werden zunächst die erste Zeile als Pivot-Zeile und die erste Spalte als Pivot-Spalte gewählt. Die Erweiterungsfaktoren werden hinter der Pivot-Zeile notiert:

	↓				
I	2	12	| –44	←	|2 3
II	4	10	| –32		
III	6	0	| 12		

Nachdem das System neu berechnet wurde, werden die Pivot-Zeile eine Zeile nach unten verschoben und die Pivot-Spalte eine Spalte nach rechts verschoben. Der einzige verbleibende Erweiterungsfaktor wird hinter der Pivot-Zeile notiert:

		↓			
I	2	12	| –44		
II		–14	| 56	←	| $\frac{18}{7}$
III		–36	| 144		

Nach einer Neuberechnung des Systems enthält die Zeile 3 ausschließlich Nullen:

		↓			
I	2	12	| –44		
II		–14	| 56	←	
III		**0**	| **0**		|true

Da diese Zeile eine wahre Aussage enthält, entfällt diese Zeile:

I	2	12	| –44
II		–14	| 56

Nun ist die Pivot-Zeile die letzte Zeile, es wird das Produkt der Diagonalelemente des Tableaus überprüft:

$$d = (2)(-14)$$

$$d = -28.$$

Das Produkt der Diagonalelemente ist von Null verschieden. Also kann das System direkt weiter in die Diagonalform überführt werden. Als Pivot-Zeile werden die letzte Zeile und als Pivot-Spalte die letzte

Unbekanntenspalte gewählt. Der Erweiterungsfaktor wird hinter der Pivot-Zeile notiert:

$$\begin{array}{llll} & & \downarrow & \\ \text{I} & 2 & 12 & | -44 \\ \text{II} & & -14 & | \ \ 56 \leftarrow |\left(-\frac{6}{7}\right) \end{array}$$

Eine Neuberechnung des Systems führt auf die Diagonalform. Nach einem Verschieben der Pivot-Zeile um eine Zeile nach oben, ist die Pivot-Zeile die oberste Zeile. Die Gleichungen werden normiert, also durch die Koeffizienten der gesuchten Größen dividiert:

$$\begin{array}{llll} \text{I} & 2 & & | \ \ 4 \leftarrow |: \ \ 2 \\ \text{II} & & -14 & | \ 56 \quad\ \ |: (-14) \end{array}$$

Damit ist die Lösung des Gleichungssystems direkt ablesbar:

$$\begin{array}{llll} \text{I} & 1 & & | \ \ 2 \\ \text{II} & & 1 & | -4 \end{array}$$

Die gesuchten Faktoren sind also

$$\begin{array}{llll} \text{I} & \mu & & = \ \ 2 \\ \text{II} & & \lambda & = -4 \end{array}$$

Der Vektor w lässt sich daher linear abhängig über die eingangs aufgestellte Gleichung

$$\mu u + \lambda v = w$$

darstellen:

$$2u - 4v = w.$$

Die Vektoren u; v; w sind linear abhängig.

$

A.2.2 Lösung der Übungsaufgabe zur Ermittlung der Kehrmatrix

Es ist die quadratische Matrix A gegeben mit

$$A = \begin{pmatrix} 2 & -4 & 8 & 4 \\ 0 & 4 & 4 & 2 \\ 0 & 8 & 2 & -2 \\ 0 & 4 & -2 & 8 \end{pmatrix}.$$

Die inverse Matrix A^{-1} dieser Matix ist zu ermitteln (Seite 26).

Zur Ermittlung der inversen Matrix wird das Tableau des linearen Gleichungssystems aufgestellt, gebildet aus der Matrix A und der Einheitsmatrix E in den Absolutgliedspalten:

$$\begin{array}{lrrrr|rrrr}
\text{I} & 2 & -4 & 8 & 4 & \mathbf{1} & 0 & 0 & 0 \\
\text{II} & 0 & 4 & 4 & 2 & 0 & \mathbf{1} & 0 & 0 \\
\text{III} & 0 & 8 & 2 & -2 & 0 & 0 & \mathbf{1} & 0 \\
\text{IV} & 0 & 4 & -2 & 8 & 0 & 0 & 0 & \mathbf{1}
\end{array}$$

Es muss nur noch das Gleichungsystem gelöst werden. Also werden die erste Zeile als Pivot-Zeile und die erste Spalte als Pivot-Spalte gewählt. Die Erweiterungsfaktoren sind ausschließlich Null, so dass eine Neuberechnung des Tableaus auf keine Veränderung führt:

$$\begin{array}{lrrrr|rrrrl}
 & \downarrow & & & & & & & & \\
\text{I} & 2 & -4 & 8 & 4 & 1 & 0 & 0 & 0 & \leftarrow \;|0\;\;0\;\;0 \\
\text{II} & \mathbf{0} & 4 & 4 & 2 & 0 & 1 & 0 & 0 & \\
\text{III} & \mathbf{0} & 8 & 2 & -2 & 0 & 0 & 1 & 0 & \\
\text{IV} & \mathbf{0} & 4 & -2 & 8 & 0 & 0 & 0 & 1 &
\end{array}$$

Daher werden die Pivot-Zeile eine Zeile nach unten und die Pivot-Spalte eine Spalte nach rechts verschoben. Die Erweiterungsfaktoren werden hinter der Pivot-Zeile notiert:

$$\begin{array}{lrrrr|rrrrl}
 & & \downarrow & & & & & & & \\
\text{I} & 2 & -4 & 8 & 4 & 1 & 0 & 0 & 0 & \\
\text{II} & & 4 & 4 & 2 & 0 & 1 & 0 & 0 & \leftarrow \;|\frac{8}{4}\;\;\frac{4}{4} \\
\text{III} & & 8 & 2 & -2 & 0 & 0 & 1 & 0 & \\
\text{IV} & & 4 & -2 & 8 & 0 & 0 & 0 & 1 &
\end{array}$$

Eine Neuberechnung des Systems mittels der Subtraktion der jeweils erweiterten Pivot-Zeile von einer nachfolgenden Zeile überführt das System weiter in eine Dreiecksform. Anschließend werden die Pivot-Zeile und die Pivot-Spalte verschoben und der einzige verbleibende Erweiterungsfaktor hinter der Pivot-Zeile notiert:

$$\begin{array}{lrrrr|rrrrl}
 & & & \downarrow & & & & & & \\
\text{I} & 2 & -4 & 8 & 4 & 1 & 0 & 0 & 0 & \\
\text{II} & & 4 & 4 & 2 & 0 & 1 & 0 & 0 & \\
\text{III} & & & -6 & -6 & 0 & -2 & 1 & 0 & \leftarrow \;|1 \\
\text{IV} & & & -6 & 6 & 0 & -1 & 0 & 1 &
\end{array}$$

Eine erneute Berechnung des Tableaus liefert die Dreiecksform – die Pivot-Zeile ist die letzte Zeile:

$$
\begin{array}{lrrrrcrrrrl}
\text{I} & 2 & -4 & 8 & 4 & | & 1 & 0 & 0 & 0 & \\
\text{II} & & 4 & 4 & 2 & | & 0 & 1 & 0 & 0 & \\
\text{III} & & & -6 & -6 & | & 0 & -2 & 1 & 0 & \\
\text{IV} & & & & 12 & | & 0 & 1 & -1 & 1 & \leftarrow
\end{array}
$$

Da die Pivot-Zeile nun die letzte Zeile ist, wird das Produkt der Diagonalelemente des Tableaus überprüft:

$$d=(2)(4)(-6)(12)$$

$$d=-576.$$

Das Produkt der Diagonalelemente ist von Null verschieden. Also kann das System direkt weiter in die Diagonalform überführt werden. Als Pivot-Zeile werden die letzte Zeile und als Pivot-Spalte die letzte Unbekanntenspalte gewählt. Die Erweiterungsfaktoren werden hinter der Pivot-Zeile notiert:

$$
\begin{array}{lrrrrcrrrrl}
 & & & & \downarrow & & & & & & \\
\text{I} & 2 & -4 & 8 & 4 & | & 1 & 0 & 0 & 0 & \\
\text{II} & & 4 & 4 & 2 & | & 0 & 1 & 0 & 0 & \\
\text{III} & & & -6 & -6 & | & 0 & -2 & 1 & 0 & \\
\text{IV} & & & & 12 & | & 0 & 1 & -1 & 1 & \leftarrow \;|\tfrac{1}{3}\;\;\tfrac{1}{6}\;\;\left(-\tfrac{1}{2}\right)
\end{array}
$$

Die jeweils erweiterte Pivot-Zeile wird von jeder vorhergehenden Zeile subtrahiert. Die Pivot-Zeile wird eine Zeile nach oben und die Pivot-Spalte wird eine Spalte nach links verschoben. Hinter der Pivot-Zeile werden die neuen Erweiterungsfaktoren notiert:

$$
\begin{array}{lrrrrcrrrrl}
 & & & \downarrow & & & & & & & \\
\text{I} & 2 & -4 & 8 & & | & 1 & -\frac{1}{3} & \frac{1}{3} & -\frac{1}{3} & \\
\text{II} & & 4 & 4 & & | & 0 & \frac{5}{6} & \frac{1}{6} & -\frac{1}{6} & \\
\text{III} & & & -6 & & | & 0 & -\frac{3}{2} & \frac{1}{2} & \frac{1}{2} & \leftarrow \;|\left(-\tfrac{4}{3}\right)\;\left(-\tfrac{2}{3}\right) \\
\text{IV} & & & & 12 & | & 0 & 1 & -1 & 1 &
\end{array}
$$

Das Vorgehen wird wiederholt:

$$\begin{array}{c|cccc|cccc|l}
 & & \downarrow & & & & & & & \\
\text{I} & 2 & -4 & & & 1 & -\frac{7}{3} & 1 & \frac{1}{3} & \\
\text{II} & & 4 & & & 0 & -\frac{1}{6} & \frac{1}{2} & \frac{1}{6} & \leftarrow |(-1) \\
\text{III} & & & -6 & & 0 & -\frac{3}{2} & \frac{1}{2} & \frac{1}{2} & \\
\text{IV} & & & & 12 & 0 & 1 & -1 & 1 &
\end{array}$$

Ein weiteres Wiederholen der Neuberechnung des Systems, mit einer anschließenden Verschiebung der Pivot-Zeile führt auf der linken Seite auf eine Diagonalmatrix. Die Pivot-Zeile ist nun die oberste Zeile. Damit müssen nur noch alle Zeilen normiert werden:

$$\begin{array}{c|cccc|cccc|l}
\text{I} & 2 & & & & 1 & -\frac{5}{2} & \frac{3}{2} & \frac{1}{2} & \leftarrow |:\ 2 \\
\text{II} & & 4 & & & 0 & -\frac{1}{6} & \frac{1}{2} & \frac{1}{6} & \quad |:\ 4 \\
\text{III} & & & -6 & & 0 & -\frac{3}{2} & \frac{1}{2} & \frac{1}{2} & \quad |:\ (-6) \\
\text{IV} & & & & 12 & 0 & 1 & -1 & 1 & \quad |:\ 12
\end{array}$$

Es ergibt sich links die Einheitsmatrix und auf der rechten Seite die Lösung des Gleichungssystems

$$\begin{array}{c|cccc|cccc}
\text{I} & 1 & & & & \frac{1}{2} & -\frac{5}{4} & \frac{3}{4} & \frac{1}{4} \\
\text{II} & & 1 & & & 0 & -\frac{1}{24} & \frac{1}{8} & \frac{1}{24} \\
\text{III} & & & 1 & & 0 & \frac{1}{4} & -\frac{1}{12} & -\frac{1}{12} \\
\text{IV} & & & & 1 & 0 & \frac{1}{12} & -\frac{1}{12} & \frac{1}{12}
\end{array},$$

die inverse Matrix A^{-1} zur Matrix A:

$$A^{-1} = \begin{pmatrix} \frac{1}{2} & -\frac{5}{4} & \frac{3}{4} & \frac{1}{4} \\ 0 & -\frac{1}{24} & \frac{1}{8} & \frac{1}{24} \\ 0 & \frac{1}{4} & -\frac{1}{12} & -\frac{1}{12} \\ 0 & \frac{1}{12} & -\frac{1}{12} & \frac{1}{12} \end{pmatrix}.$$

$

A.2.3 Lösung der Übungsaufgabe zur Ermittlung der Koeffizienten einer Polynomfunktion

Von einer Polynomfunktion 3. Grades, also

$$f\colon y = a_3x^3 + a_2x^2 + a_1x + a_0$$

sind die Koeffizienten $a_3; a_2; a_1; a_0$ aus den gegebenen Punkten, gemäß der Wertetabelle

x	–2	0	2	4
y	20	4	4	–28

zu ermitteln (Seite 31).

Es sind 4 unbekannte Koeffizienten zu ermitteln und folglich 4 Gleichungen aufzustellen. In die Polynomfunktion

$$f\colon y = a_3x^3 + a_2x^2 + a_1x + a_0$$

wird zunächst der erste bekannte Punkt (–2; 20) eingesetzt

$$20 = a_3(-2)^3 + a_2(-2)^2 + a_1(-2) + a_0$$

und die Gleichung dann weitestgehend vereinfacht

I $\qquad 0 = -8a_3 + 4a_2 - 2a_1 + a_0.$

Ebenso werden der zweite Punkt (0; 4) eingesetzt

$$4 = a_3(0)^3 + a_2(0)^2 + a_1(0) + a_0$$

II $\qquad 4 = 0a_3 + 0a_2 + 0a_1 + a_0,$

der dritte Punkt eingesetzt

$$4 = a_3(2)^3 + a_2(2)^2 + a_1(2) + a_0$$

III $\qquad 4 = 8a_3 + 4a_2 + 2a_1 + a_0$

und der vierte Punkt eingesetzt:

$$-28 = a_3(4)^3 + a_2(4)^2 + a_1(4) + a_0$$

IV $\qquad -28 = 64a_3 + 16a_2 + 4a_1 + a_0.$

Damit lassen sich die Gleichungen, in umgekehrter Sortierung, als lineares Gleichungssystem in seiner Normalform schreiben:

$$\begin{array}{lrrrrcr}
\text{I} & 1a_0 & -2a_1 & +4a_2 & -8a_3 & = & 20 \\
\text{II} & 1a_0 & +0a_1 & +0a_2 & +0a_3 & = & 4 \\
\text{III} & 1a_0 & +2a_1 & +4a_2 & +8a_3 & = & 4 \\
\text{IV} & 1a_0 & +4a_1 & +16a_2 & +64a_3 & = & -28
\end{array}$$

Eine Überführung des Gleichungssystems in Tableauform gestaltet das System übersichtlicher. Die erste Zeile wird als Pivot-Zeile und die erste Spalte wird als Pivot-Spalte gewählt. Anschließend werden die Erweiterungsfaktoren aus den Koeffizienten der Pivot-Spalte gebildet und hinter der Pivot-Zeile notiert:

$$\begin{array}{lrrrr|rl}
 & \downarrow & & & & & \\
\text{I} & 1 & -2 & 4 & -8 & 20 & \leftarrow |1 \;\; 1 \;\; 1 \\
\text{II} & 1 & 0 & 0 & 0 & 4 & \\
\text{III} & 1 & 2 & 4 & 8 & 4 & \\
\text{IV} & 1 & 4 & 16 & 64 & -28 &
\end{array}$$

Das Tableau wird neu berechnet, indem die jeweils erweiterte Pivot-Zeile von den nachfolgenden Zeilen subtrahiert wird. Anschließend werden die Pivot-Zeile eine Zeile nach unten und die Pivot-Spalte eine Spalte nach rechts verschoben. Die Erweiterungsfaktoren werden wieder hinter der Pivot-Zeile notiert:

$$\begin{array}{lrrrr|rl}
 & & \downarrow & & & & \\
\text{I} & 1 & -2 & 4 & -8 & 20 & \\
\text{II} & & 2 & -4 & 8 & -16 & \leftarrow |\frac{4}{2} \;\; \frac{6}{2} \\
\text{III} & & 4 & 0 & 16 & -16 & \\
\text{IV} & & 6 & 12 & 72 & -48 &
\end{array}$$

Das Tableau wird neu berechnet. Anschließend werden die Pivot-Zeile eine Zeile nach unten verschoben, die Pivot-Spalte eine Spalte nach rechts verschoben. Die Erweiterungsfaktoren werden wieder hinter der Pivot-Zeile notiert:

$$\begin{array}{lrrrr|rl}
 & & & \downarrow & & & \\
\text{I} & 1 & -2 & 4 & -8 & 20 & \\
\text{II} & & 2 & -4 & 8 & -16 & \\
\text{III} & & & 8 & 0 & 16 & \leftarrow |3 \\
\text{IV} & & & 24 & 48 & 0 &
\end{array}$$

Erneut wird das Tableau berechnet und die Pivot-Zeile eine Zeile nach unten verschoben:

I	1	–2	4	–8	|	20	
II		2	–4	8	|	–16	
III			8	0	|	16	
IV				48	|	–48	←

Da die Pivot-Zeile nun die letzte Zeile ist, wird das Produkt der Diagonalelemente des Tableaus überprüft:

$$d = (1)(2)(8)(48)$$

$$d = 768.$$

Das Produkt der Diagonalelemente ist von Null verschieden. Also kann das System direkt weiter in die Diagonalform überführt werden. Als Pivot-Zeile werden die letzte Zeile und als Pivot-Spalte die letzte Unbekanntenspalte gewählt. Die Erweiterungsfaktoren werden hinter der Pivot-Zeile notiert:

				↓						
I	1	–2	4	–8	|	20				
II		2	–4	8	|	–16				
III			8	0	|	16				
IV				48	|	–48	←	| $\left(-\frac{1}{6}\right)$	$\frac{1}{6}$	0

Das Tableau wird neu berechnet, indem die jeweils erweiterte Pivot-Zeile von den vorhergehenden Zeilen subtrahiert wird. Anschließend werden die Pivot-Zeile eine Zeile nach oben verschoben, die Pivot-Spalte eine Spalte nach links verschoben:

			↓						
I	1	–2	4		|	12			
II		2	–4		|	–8			
III			8		|	16	←	| $\frac{1}{2}$	$\left(-\frac{1}{2}\right)$
IV				48	|	–48			

Das Tableau wird wieder neu berechnet. Anschließend werden die Pivot-Zeile eine Zeile nach oben und die Pivot-Spalte eine Spalte nach links verschoben:

		↓					
I	1	–2			|	4	
II		2			|	0	← |(–1)
III			8		|	16	
IV				48	|	–48	

Das Tableau wird wieder neu berechnet. Anschließend wird die Pivot-Zeile eine Zeile nach oben verschoben. Da nun die Pivot-Zeile die oberste Zeile ist, wurde das System in die Diagonalform überführt. Die Gleichungen werden nur noch normiert:

I	1				|	4	← |: 1
II		2			|	0	|: 2
III			8		|	16	|: 8
IV				48	|	–48	|: 48

Damit ist die Lösung des Gleichungssystems direkt ablesbar

I	1				|	4
II		1			|	0
III			1		|	2 ,
IV				1	|	–1

die Koeffizienten der Polynomfunktion sind also:

I	a_0				=	4
II		a_1			=	0
III			a_2		=	2
IV				a_3	=	–1

Somit lässt sich die gesuchte Polynomfunktion angeben:

$$f: y = -x^3 + 2x^2 + 0x + 4$$

$

A.2.4 Lösung der Übungsaufgabe zur Berechnung von Lagerkräften

Eine Veranda mit Dachträgern und Stützen ist als Fachwerkkonstruktion ausgeführt (Seite 41). Zur Dimensionierung der Stützen wird eine Dachlast in vertikaler Richtung angenommen, die für diese Aufgabenstellung als punktförmig angreifend angenommen werden kann. Aus konstruktiven Gründen wird ein Verbindungspunkt des Dachträgers mit den Stützen als beweglich (Gelenk) aber kraftübertragend ausgeführt.

Zusätzlich greift horizontal eine Windkraft an, die ebenfalls als punktangreifend angesehen wird.

Eine Verankerung findet ebenerdig, mit zwei festen Lagern statt. Die Lager sind konstruktiv nicht momentenaufnehmend ausgeführt:

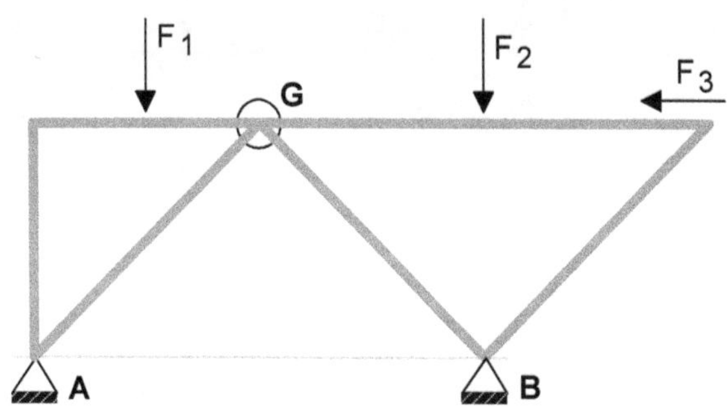

Die angreifenden Kräfte sind gegeben mit

$$F_1 = -10{,}00\,kN$$

$$F_2 = -20{,}00\,kN$$

$$F_3 = -15{,}00\,kN.$$

Die Konstruktion hat eine Höhe

$$s_V = 2\,m$$

Der Kraftangriffspunkt der ersten Kraft liegt in einem Abstand

$$s_1 = 1\,m$$

und der Angrifspunkt der zweiten Kraft in einem Abstand

$$s_2 = 4\,m$$

vom linken Lager. Das Gelenk ist im Abstand

$$s_G = 2\,m$$

vom linken Lager und das rechte Lager im Abstand

$$s_B = 4\,m$$

vom linken Lager angeordnet.

Die Lager- und Gelenkkräfte sind zu ermitteln.

Zunächst werden ein Koordinatensystem erstellt und die Koordinaten der Lager, der Kraftangriffspunkte und des Gelenkes eingetragen. Zusätzlich werden die Lagerkräfte und die Gelenkkräfte benannt $x_1;\ldots;x_6$ und eingetragen:

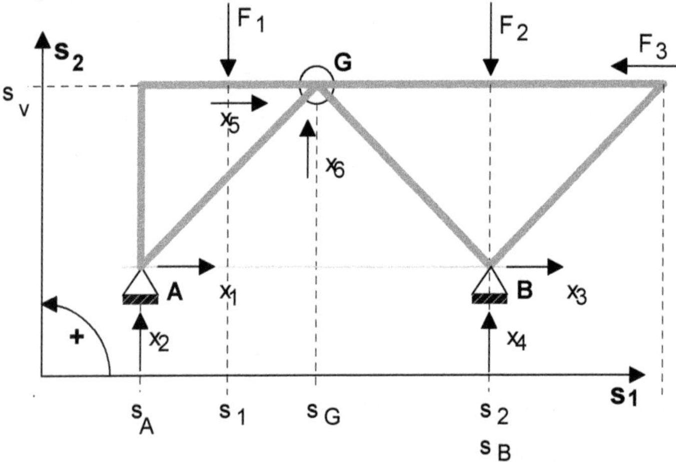

Das statische System enthält ein Gelenk, so dass das System in zwei Teilsysteme zerlegt wird. Das linke Teilsystem enthält das Lager A mit den Lagerkräften $x_1;x_2$, die Last F_1 und die Gelenkkräfte $x_5;x_6$. Die übrigen Kräfte wirken im rechten Teilsystem.

Zunächst werden die Kraftgleichungen in der ersten Dimension aufgestellt.

Im linken Teilsystem wirken die horizontale Lagerkraft x_1 und die horizontale Gelenkkraft x_5, so dass sich hier die Summe aller Kräfte zu

I $\quad x_1 + x_5 = 0$

ergibt.

Die vertikalen Kräfte des linken Systems sind über die Lagerkraft x_2, die Gelenkkraft x_6 und die Schneelast $F_1 = -10kN$ beschrieben:

II $\quad x_2 + x_6 - 10 \cdot 10^3 N = 0$

Entsprechend ist im rechten Teilsystem die Summe aus der Gelenkkraft x_5 (mit umgekehrtem Vorzeichen), der Lagerkraft x_3 und der angreifenden Kraft $F_3 = -15kN$ beschrieben über

III $\quad x_3 - x_5 - 15 \cdot 10^3 = 0.$

Die Kräfte der zweiten Dimension werden ebenso beschrieben. Im rechten Teilsystem wirken die Lagerkraft x_4, die Gelenkkraft x_6 (wieder mit umgekehrten Vorzeichen) und die Last $F_2 = -20kN$. Also gilt:

IV $\quad x_4 - x_6 - 20 \cdot 10^3 = 0.$

Insgesamt sind 6 Kräfte zu ermitteln. Es sind folglich (mindestens) 6 Gleichungen aufzustellen. Eine Momentengleichung lässt sich im linken System, um das Lager A aufstellen.

Unter einem von Null verschiedenen Hebel, wirken hier die Gelenkkräfte $x_5; x_6$ und die Last F_1. Die Momentensumme ist daher:

V $\quad -2x_5 + 2x_6 - 1 \cdot 10 \cdot 10^3 = 0.$

Entsprechend ergibt sich die Momentensumme im Lager B (unter Berücksichtigung des Hebels 0 der Schneelast F_2):

VI $\quad 2x_5 + 2x_6 + 2 \cdot 15 \cdot 10^3 = 0.$

Weitere Gleichungen werden nicht benötigt. Um ein Gelenk sollte jedoch stets eine Momentengleichung aufgestellt werden. Und auch die Überprüfung der Richtigkeit aller Gleichungen kann nur über zusätzlichen Gleichungen, die dann widerspruchsfrei zu den übrigen Gleichungen sein müssen, durchgeführt werden.

Es wird also eine zusätzliche Momentengleichung, linksseitig um das Gelenk G, aufgestellt:

VII $\quad 2x_1 - 2x_2 + 1 \cdot 10 \cdot 10^3 = 0.$

Damit kann nun das Gleichungssystem in seiner Normalform dargestellt werden:

$$
\begin{array}{lllllllcr}
\text{I} & 1x_1 & +0x_2 & +0x_3 & +0x_4 & +1x_5 & +0x_6 & = & 0 \\
\text{II} & 0x_1 & +1x_2 & +0x_3 & +0x_4 & +0x_5 & +1x_6 & = & 10\cdot10^3 \\
\text{III} & 0x_1 & +0x_2 & +1x_3 & +0x_4 & -1x_5 & +0x_6 & = & 15\cdot10^3 \\
\text{IV} & 0x_1 & +0x_2 & +0x_3 & +1x_4 & +0x_5 & -1x_6 & = & 20\cdot10^3 \\
\text{V} & 0x_1 & +0x_2 & +0x_3 & +0x_4 & -2x_5 & +2x_6 & = & 10\cdot10^3 \\
\text{VI} & 0x_1 & +0x_2 & +0x_3 & +0x_4 & +2x_5 & +2x_6 & = & -30\cdot10^3 \\
\text{VII} & 2x_1 & -2x_2 & +0x_3 & +0x_4 & +0x_5 & +0x_6 & = & -10\cdot10^3
\end{array}
$$

Eine Überführung des Gleichungssystems in Tableauform gestaltet das System übersichtlicher. Die erste Zeile wird als Pivot-Zeile und die erste Spalte wird als Pivot-Spalte gewählt. Anschließend werden die Erweiterungsfaktoren aus den Koeffizienten der Pivot-Spalte gebildet und hinter der Pivot-Zeile notiert:

$$
\begin{array}{lrrrrrrcrl}
 & \downarrow & & & & & & & & \\
\text{I} & 1 & 0 & 0 & 0 & 1 & 0 & | & 0 & \leftarrow |0\ \ 0\ \ 0\ \ 0\ \ 0\ \ \tfrac{2}{1} \\
\text{II} & 0 & 1 & 0 & 0 & 0 & 1 & | & 10\cdot10^3 & \\
\text{III} & 0 & 0 & 1 & 0 & -1 & 0 & | & 15\cdot10^3 & \\
\text{IV} & 0 & 0 & 0 & 1 & 0 & -1 & | & 20\cdot10^3 & \\
\text{V} & 0 & 0 & 0 & 0 & -2 & 2 & | & 10\cdot10^3 & \\
\text{VI} & 0 & 0 & 0 & 0 & 2 & 2 & | & -30\cdot10^3 & \\
\text{VII} & 2 & -1 & 0 & 0 & 0 & 0 & | & -10\cdot10^3 &
\end{array}
$$

Das Tableau wird neu berechnet, indem die jeweils erweiterte Pivot-Zeile von den nachfolgenden Zeilen subtrahiert wird. Anschließend werden die Pivot-Zeile eine Zeile nach unten und die Pivot-Spalte eine Spalte nach rechts verschoben. Die Erweiterungsfaktoren werden wieder hinter der Pivot-Zeile notiert:

$$
\begin{array}{lrrrrrrcrl}
 & & \downarrow & & & & & & & \\
\text{I} & 1 & 0 & 0 & 0 & 1 & 0 & | & 0 & \\
\text{II} & & 1 & 0 & 0 & 0 & 1 & | & 10\cdot10^3 & \leftarrow |0\ \ 0\ \ 0\ \ 0\ \ \left(-\tfrac{2}{1}\right) \\
\text{III} & & 0 & 1 & 0 & -1 & 0 & | & 15\cdot10^3 & \\
\text{IV} & & 0 & 0 & 1 & 0 & -1 & | & 20\cdot10^3 & \\
\text{V} & & 0 & 0 & 0 & -2 & 2 & | & 10\cdot10^3 & \\
\text{VI} & & 0 & 0 & 0 & 2 & 2 & | & -30\cdot10^3 & \\
\text{VII} & & -2 & 0 & 0 & -2 & 0 & | & -10\cdot10^3 &
\end{array}
$$

Es ergibt sich ein neues Tableau, das eine Besonderheit aufweist: Nach dem Verschieben der Pivot-Zeile und der Pivot-Spalte werden die neuen Erweiterungsfaktoren gebildet. Diese Erweiterungsfaktoren sind jedoch ausschließlich Null. Eine Neuberechnung des Tableaus würde damit keine Veränderung bewirken. Und auch ein erneutes Verschieben der Pivot-Zeile und Pivot-Spalte zeigt das gleiche Ergebnis:

			↓						
I	1	0	0	0	1	0	|	0	
II		1	0	0	0	1	|	$10 \cdot 10^3$	
III			1	0	–1	0	|	$15 \cdot 10^3$	←
IV			**0**	1	0	–1	|	$20 \cdot 10^3$	
V			**0**	**0**	–2	2	|	$10 \cdot 10^3$	
VI			**0**	**0**	2	2	|	$-30 \cdot 10^3$	
VII			**0**	**0**	–2	2	|	$10 \cdot 10^3$	

Somit können als neue Pivot-Zeile die Zeile 5 und als Pivot-Spalte, die Spalte 5 gewählt werden. Die zugehörigen Erweiterungsfaktoren werden wieder hinter der Pivot-Zeile notiert:

					↓				
I	1	0	0	0	1	0	|	0	
II		1	0	0	0	1	|	$10 \cdot 10^3$	
III			1	0	–1	0	|	$15 \cdot 10^3$	
IV				1	0	–1	|	$20 \cdot 10^3$	
V					–2	2	|	$10 \cdot 10^3$	← |(–1) 1
VI					2	2	|	$-30 \cdot 10^3$	
VII					–2	2	|	$10 \cdot 10^3$	

Das Tableau wird neu berechnet, indem die jeweils erweiterte Pivot-Zeile von den nachfolgenden Zeilen subtrahiert wird. Die letzte Zeile enthält ausschließlich Nullen, ist also wahr und entfällt. Damit ist zugleich die Widerspruchsfreiheit des Gleichungssystems, also die Richtigkeit der aufgestellten Gleichungen gezeigt:

$$
\begin{array}{lcccccc|rl}
\text{I} & 1 & 0 & 0 & 0 & 1 & 0 & 0 & \\
\text{II} & & 1 & 0 & 0 & 0 & 1 & 10\cdot 10^3 & \\
\text{III} & & & 1 & 0 & -1 & 0 & 15\cdot 10^3 & \\
\text{IV} & & & & 1 & 0 & -1 & 20\cdot 10^3 & \\
\text{V} & & & & & -2 & 2 & 10\cdot 10^3 & \\
\text{VI} & & & & & & 4 & -20\cdot 10^3 & \\
\text{VII} & & & & & & 0 & 0 & |\text{true}
\end{array}
$$

Da die Pivot-Zeile nun die letzte Zeile ist, wird das Produkt der Diagonalelemente des Tableaus überprüft:

$$d = (1)(1)(1)(1)(-2)(4)$$

$$d = -8.$$

Das Produkt der Diagonalelemente ist von Null verschieden. Also kann das System direkt weiter in die Diagonalform überführt werden. Als Pivot-Zeile werden die letzte Zeile und als Pivot-Spalte die letzte Unbekanntenspalte gewählt. Die Erweiterungsfaktoren werden hinter der Pivot-Zeile notiert:

$$
\begin{array}{lcccccc|rl}
 & & & & & & \downarrow & & \\
\text{I} & 1 & 0 & 0 & 0 & 1 & 0 & 0 & \\
\text{II} & & 1 & 0 & 0 & 0 & 1 & 10\cdot 10^3 & \\
\text{III} & & & 1 & 0 & -1 & 0 & 15\cdot 10^3 & \\
\text{IV} & & & & 1 & 0 & -1 & 20\cdot 10^3 & \\
\text{V} & & & & & -2 & 2 & 10\cdot 10^3 & \\
\text{VI} & & & & & & 4 & -20\cdot 10^3 & \leftarrow \;|0 \;\; \tfrac{1}{4} \;\; 0 \;\; \left(-\tfrac{1}{4}\right) \;\; \tfrac{2}{4}
\end{array}
$$

Das Tableau wird neu berechnet, indem die jeweils erweiterte Pivot-Zeile von den vorhergehenden Zeilen subtrahiert wird. Anschließend werden die Pivot-Zeile eine Zeile nach oben verschoben, die

Pivot-Spalte eine Spalte nach links verschoben und die nächsten Erweiterungsfaktoren hinter die Pivot-Zeile geschrieben:

					↓				
I	1	0	0	0	1		|	0	
II		1	0	0	0		|	$15 \cdot 10^3$	
III			1	0	–1		|	$15 \cdot 10^3$	
IV				1	0		|	$15 \cdot 10^3$	
V					–2		|	$20 \cdot 10^3$	← |$\left(-\frac{1}{2}\right)$ 0 $\frac{1}{2}$ 0
VI						4	|	$-20 \cdot 10^3$	

Das Tableau wird neu berechnet, indem die jeweils erweiterte Pivot-Zeile von den vorhergehenden Zeilen subtrahiert wird. Anschließend werden die Pivot-Zeile eine Zeile nach oben verschoben, die Pivot-Spalte eine Spalte nach links verschoben. Da alle Erweiterungsfaktoren, auch nach einem erneuten Verschieben der Pivot-Zeile und Pivot-Spalte Null sind, ergeben sich keine weiteren Neuberechnungen. Schließlich ist die Pivot-Zeile die erste Zeile:

		↓	↓	↓					
I	1	**0**	**0**	**0**			|	$10 \cdot 10^3$	←
II		1	**0**	**0**			|	$15 \cdot 10^3$	←
III			1	**0**			|	$5 \cdot 10^3$	←
IV				1			|	$15 \cdot 10^3$	←
V					–2		|	$20 \cdot 10^3$	
VI						4	|	$-20 \cdot 10^3$	

Damit ist das System in die Diagonalform überführt. Die Zeilen werden noch normiert:

I	1						|	$10 \cdot 10^3$	|:	1
II		1					|	$15 \cdot 10^3$	|:	1
III			1				|	$5 \cdot 10^3$	|:	1
IV				1			|	$15 \cdot 10^3$	|:	1
V					–2		|	$20 \cdot 10^3$	|:	(–2)
VI						4	|	$-20 \cdot 10^3$	|:	4

Also entsteht auf der linken Seite eine Einheitsmatrix

$$\begin{array}{l|cccccc|r}
\text{I} & 1 & & & & & & 10\cdot 10^3 \\
\text{II} & & 1 & & & & & 15\cdot 10^3 \\
\text{III} & & & 1 & & & & 5\cdot 10^3 \\
\text{IV} & & & & 1 & & & 15\cdot 10^3 \\
\text{V} & & & & & 1 & & -10\cdot 10^3 \\
\text{VI} & & & & & & 1 & -5\cdot 10^3
\end{array}$$

und daher lässt sich die Lösung des Systems ablesen:

$$\begin{array}{llllllllr}
\text{I} & x_1 & & & & & & = & 10\cdot 10^3 \\
\text{II} & & x_2 & & & & & = & 15\cdot 10^3 \\
\text{III} & & & x_3 & & & & = & 5\cdot 10^3 \\
\text{IV} & & & & x_4 & & & = & 15\cdot 10^3 \\
\text{V} & & & & & x_5 & & = & -10\cdot 10^3 \\
\text{VI} & & & & & & x_6 & = & -5\cdot 10^3
\end{array}$$

Damit sind die Lager- und Gelenkkräfte ermittelt.

Das Gelenk überträgt also Kräfte aus dem rechten System nach links unten, so dass das Lager A Teile der Belastungen des rechten Systems aufnimmt.

$

A.2.5 Lösung der Übungsaufgabe zur Ermittlung der Strebenkräfte in einem statischen System

Eine Veranda mit Dachträgern und Stützen ist als Fachwerkkonstruktion ausgeführt (Seite 50). Zur Dimensionierung der Stützen wird eine Dachlast in vertikaler Richtung angenommen, die für diese Aufgabenstellung als punktförmig angreifend angenommen werden kann. Aus konstruktiven Gründen wird ein Verbindungspunkt des Dachträgers mit den Stützen als beweglich (Gelenk) aber kraftübertragend ausgeführt.

Zusätzlich greift horizontal eine Windkraft an, die ebenfalls als punktangreifend angesehen wird.

Eine Verankerung findet ebenerdig, mit zwei festen Lagern statt. Die Lager sind konstruktiv nicht momentenaufnehmend ausgeführt.

Die angreifenden Kräfte sind ebenso gegeben mit

$$F_1 = -10,00\,kN$$

$$F_2 = -20,00\,kN$$

$$F_3 = -15,00\,kN,$$

wie die bereits errechneten Lager und Gelenkkräfte

$$F_{Ah} = 10,00\,kN$$

$$F_{Av} = 15,00\,kN$$

$$F_{Bh} = 5,00\,kN$$

$$F_{Bv} = 15,00\,kN$$

$F_{Gh} = -10,00\,kN$ (links vom Gelenk G nach links wirkend)

$F_{Gv} = -5,00\,kN$ (links vom Gelenk G nach unten wirkend).

Die Konstruktion hat eine Höhe

$$s_V = 2\,m$$

Der Kraftangriffspunkt der ersten Kraft liegt in einem Abstand

$$s_1 = 1\,m$$

und der Angrifspunkt der zweiten Kraft in einem Abstand

$$s_2 = 4\,m$$

vom linken Lager. Das Gelenk ist im Abstand

$$s_G = 2\,m$$

vom linken Lager und das rechte Lager im Abstand

$$s_B = 4\,m$$

vom linken Lager angeordnet:

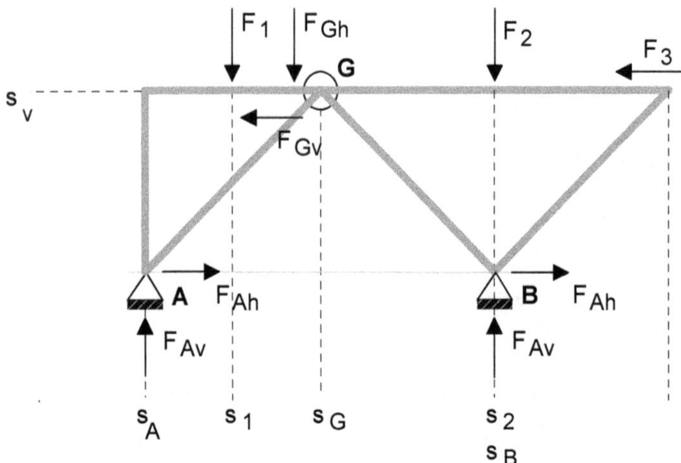

Die Strebenkräfte sind zu ermitteln.

Zunächst werden ein Koordinatensystem erstellt und die Koordinaten der Lager, der Kraftangriffspunkte und des Gelenkes eingetragen. Die Strebenkräfte werden benannt, es seien:

x_1: Die Druckkraft in Strebe OA (O: oberer linker Knoten)
x_2: Die Druckkraft in Strebe AG
x_3: Die Druckkraft in Strebe GB
x_4: Die Druckkraft in Strebe BW (W: Windangriffspunkt)
x_5: Die Druckkraft in Strebe GW
x_6: Die Druckkraft in Strebe OG

Zusätzlich werden die bennanten Strebenkräfte $x_1;\ldots;x_6$ als Druckkräfte eingetragen:[34]

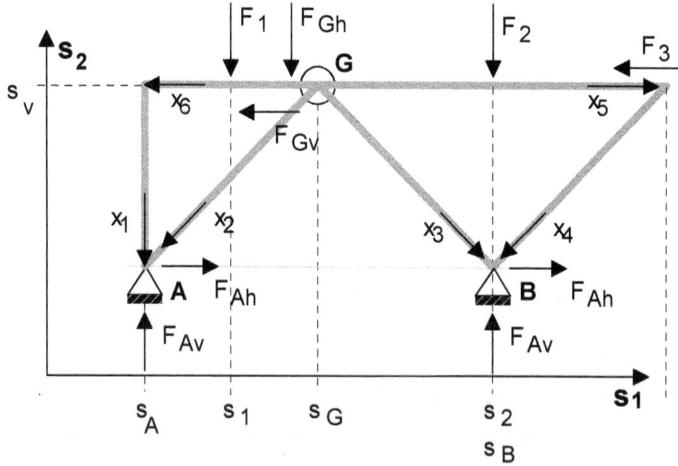

Die Kräfte in den Streben AG; GB und BW wirken nicht achsenparallel, sie sind daher in ihre Komponenten zu zerlegen. Mit dem Strahlensatz gilt für die i-te Komponente der Kraft x_j:

$$x_{ji} = \frac{\Delta s_i}{+\sqrt{\Delta s_1^2 + \Delta s_2^2}}\, x_j \quad ; \|\Delta s\| \neq 0$$

Für die Komponente der 1. Dimension der Strebenkraft x_2 ergibt sich mit den bekannten Abmessungen des statischen Systems

$$x_{21} = \frac{2m}{+\sqrt{(2m)^2 + (2m)^2}}\, x_2$$

$$x_{21} = \frac{1}{+\sqrt{2}}\, x_2.$$

Auf Grund der symmetrischen Strebenanordnung ergeben sich alle Koeffizienten zur Umrechnung der schräg wirkenden Strebenkräfte, in ihre Komponenten bezüglich der Koordinatenachsen, gleich. Eine wiederholte Berechnung erfolgt hier daher nicht.[35]

---

[34] Hier werden die Strebenkräfte nur an einer Seite einer jeden Strebe eingetragen. Die Strebenkraft ist an der anderen Seite einer Strebe dann in umgekehrter Richtung dargestellt anzusehen.

[35] In den nachfolgenden Rechnungen wird $\frac{1}{+\sqrt{2}}$ in seiner berechneten Form $\frac{1}{+\sqrt{2}} = 0,707$ dargestellt, aber genau weiter verwendet.

Zur Berechnung der Strebenkräfte dürfen, durch Gelenke getrennte statische Teilsysteme getrennt betrachtet werden. Daher wird zunächst das linke Teilsystem betrachtet:

Im Lager A wirken die horizontale Strebenkraftkomponente x_{21} der Strebe AG in negativer Achsrichtung und die Lagerkraft $F_{Ah} = 10kN$, so dass sie Summe dieser Kräfte über

I $\quad -x_{21} + 10 \cdot 10^3 = 0$

I $\quad -0,707 x_2 + 10 \cdot 10^3 = 0$

beschrieben wird.

Entsprechend sind die vertikalen Kräfte im Lager A zu beschreiben:

II $\quad -x_1 - x_{22} + 15 \cdot 10^3 = 0$

II $\quad -x_1 - 0,707 x_2 + 15 \cdot 10^3 = 0.$

Insgesamt sind 3 Strebenkräfte zu ermitteln. Daher werden 3 Gleichungen benötigt. Im Gelenk G greift auch die noch nicht beschriebene Strebenkraft x_6 an. Es wird die Summe der horizontalen Kräfte im Gelenk G, für das linke System beschrieben:

III $\quad x_{21} + x_6 - 10 \cdot 10^3 = 0$

III $\quad 0,707 x_2 + x_6 - 10 \cdot 10^3 = 0.$

Damit kann nun das Gleichungssystem in seiner Normalform dargestellt werden:

$$\begin{array}{llllll} \text{I} & 0x_1 & -0,707x_2 & +0x_6 & = & -10 \cdot 10^3 \\ \text{II} & -1x_1 & -0,707x_2 & +0x_6 & = & -15 \cdot 10^3 \\ \text{III} & 0x_1 & 0,707x_2 & +1x_6 & = & 15 \cdot 10^3 \end{array}$$

Das Gleichungssystem wird als Tableau geschrieben. Die erste Zeile wird als Pivot-Zeile gewählt und die erste Spalte wird als Pivot-Spalte gewählt:

$$\begin{array}{lrrrcll} & \downarrow & & & & & \\ \text{I} & \mathbf{0} & -0,707 & 0 & | & -10 \cdot 10^3 & \leftarrow \\ \text{II} & -1 & -0,707 & 0 & | & -15 \cdot 10^3 & \\ \text{III} & 0 & 0,707 & 1 & | & 15 \cdot 10^3 & \end{array}$$

Das Pivot-Element der Pivot-Zeile ist gleich Null, es findet sich jedoch in der Pivot-Spalte ein von Null verschiedener Koeffizient. Daher wird ein Zeilentausch durchgeführt:

$$\begin{array}{lrrr|rl}
 & \downarrow & & & & \\
\text{I} & \mathbf{0} & -0,707 & 0 & -10\cdot 10^3 & \leftarrow |\text{Zeilentausch I;II} \\
\text{II} & -1 & -0,707 & 0 & -15\cdot 10^3 & \\
\text{III} & 0 & 0,707 & 1 & 15\cdot 10^3 &
\end{array}$$

Es ergibt sich das Tableau mit den eingetragenen Erweiterungsfaktoren der Pivot-Zeile

$$\begin{array}{lrrr|rl}
 & \downarrow & & & & \\
\text{II} & -1 & -0,707 & 0 & -15\cdot 10^3 & \leftarrow |0 \quad 0 \\
\text{I} & 0 & -0,707 & 0 & -10\cdot 10^3 & \\
\text{III} & 0 & 0,707 & 1 & 15\cdot 10^3 &
\end{array}$$

Da alle Erweiterungsfaktoren gleich Null sind, führt eine Neuberechnung des Systems auf keine Veränderung. Die Pivot-Zeile wird um eine Zeile nach unten verschoben, die Pivot-Spalte wird nach rechts verschoben und der einzige verbleibende Erweiterungsfaktor wird hinter der Pivot-Zeile notiert:

$$\begin{array}{lrrr|rl}
 & & \downarrow & & & \\
\text{II} & -1 & -0,707 & 0 & -15\cdot 10^3 & \\
\text{I} & & -0,707 & 0 & -10\cdot 10^3 & \leftarrow |(-1) \\
\text{III} & & 0,707 & 1 & 15\cdot 10^3 &
\end{array}$$

Nach einer Neuberechnung des Systems und der Verschiebung der Pivot-Zeile, ist die Pivot-Zeile die letzte Zeile

$$\begin{array}{lrrr|rl}
\text{II} & -1 & -0,707 & 0 & -15\cdot 10^3 & \\
\text{I} & & -0,707 & 0 & -10\cdot 10^3 & \\
\text{III} & & & 1 & 0 & \leftarrow
\end{array}$$

so dass das Produkt der Diagonalelemente überprüft wird:

$$d = (-1)(0,707)(1)$$

$$d = -0,707.$$

Das Produkt der Diagonalelemente ist von Null verschieden. Also kann das System direkt weiter in die Diagonalform überführt werden. Als Pivot-Zeile werden die letzte Zeile und als Pivot-Spalte die letzte

Unbekanntenspalte gewählt. Die Erweiterungsfaktoren werden hinter der Pivot-Zeile notiert:

$$\begin{array}{lrrr|rl} & & & \downarrow & & \\ \text{II} & -1 & -0,707 & 0 & -15\cdot 10^3 & \\ \text{I} & & -0,707 & 0 & -10\cdot 10^3 & \\ \text{III} & & & 1 & 0 & \leftarrow \; |0 \;\; 0 \end{array}$$

Da die Erweiterungsfaktoren wieder ausschließlich Null sind, ergibt eine Neuberechnung des Systems keine Veränderung. Die Pivot-Zeile wird eine Zeile nach oben verschoben und die Pivot-Spalte wird eine Zeile nach links verschoben. Der einzige verbleibende Erweiterungsfaktor wird hinter der Pivot-Zeile notiert:

$$\begin{array}{lrrr|rl} & & \downarrow & & & \\ \text{II} & -1 & -0,707 & & -15\cdot 10^3 & \\ \text{I} & & -0,707 & & -10\cdot 10^3 & \leftarrow \; |1 \\ \text{III} & & & 1 & 0 & \end{array}$$

Nach einer Neuberechnung des Systems wird die Pivot-Zeile eine Zeile nach oben verschoben. Die Pivot-Zeile ist nun die oberste Zeile, das System wurde also in die Diagonalform überführt. Die Zeilen müssen nur noch normiert werden

$$\begin{array}{lrrr|rl} \text{II} & -1 & & & -5\cdot 10^3 & \leftarrow \; |: \;\; (-1) \\ \text{I} & & -0,707 & & -10\cdot 10^3 & \quad |: \;\; (-0,707) \\ \text{III} & & & 1 & 0 & \quad |: \;\; 1 \end{array}$$

dann lässt sich die Lösung direkt ablesen

$$\begin{array}{lrrr|r} \text{II} & 1 & & & 5\cdot 10^3 \\ \text{I} & & 1 & & 14,29\cdot 10^3 \\ \text{III} & & & 1 & 0 \end{array}$$

Es sind damit die Strebenkräfte des linken statischen Teilsystems ermittelt:

$$\begin{array}{llllr} \text{II} & x_1 & & = & 5\cdot 10^3 \\ \text{I} & x_2 & & = & 14,29\cdot 10^3 \\ \text{III} & x_6 & & = & 0 \end{array}$$

Zur Ermittlung der Strebenkräfte des rechten Teilsystems wird ebenso vorgegangen.

In Lager B wirken die horizontalen Komponenten der Strebenkräfte $x_3; x_4$ sowie die horizontale Lagerkraft $F_{Bh} = 5kN$. Die Summe dieser Kräfte ist daher:

I $\quad x_{31} - x_{41} + 5 \cdot 10^3 = 0$

I $\quad 0,707 x_3 - 0,707 x_4 + 5 \cdot 10^3 = 0.$

Die Beschreibung der vertikalen Kräfte in Lager B erfolgt in gleicher Weise:

II $\quad -x_{32} - x_{42} + 15 \cdot 10^3 = 0$

II $\quad -0,707 x_3 - 0,707 x_4 + 15 \cdot 10^3 = 0.$

Es sind noch 3 Strebenkräfte zu ermitteln, also auch mindestens 3 Gleichungen aufzustellen. Im Gelenk lassen sich rechtsseitig die horizontalen Kräfte beschreiben:

III $\quad -x_{31} - x_5 + 10 \cdot 10^3 = 0$

III $\quad -0,707 x_3 - x_5 + 10 \cdot 10^3 = 0.$

Zur Erläuterung und Kontrolle der Richtigkeit der aufgestellten Gleichungen wird eine zusätzliche Gleichung aufgestellt. Im Gelenk G wirken zusätzlich zu der Strebenkraft x_{32}, die vertikale Gelenkkraft $F_{Gv} = 5kN$ und die halbe vertikale Schneelast des rechten statischen Systems $\frac{1}{2} F_2 = -10kN$. Also gilt:

IV $\quad x_{32} + 5 \cdot 10^3 - 10 \cdot 10^3 = 0$

IV $\quad 0,707 x_3 - 5 \cdot 10^3 = 0.$

Damit wird nun das Gleichungssystem in seiner Normalform aufgestellt

$$\begin{array}{lllllll}
\text{I} & 0,707x_3 & -0,707x_4 & +0x_5 & = & -5 \cdot 10^3 \\
\text{II} & -0,707x_3 & -0,707x_4 & +0x_5 & = & -15 \cdot 10^3 \\
\text{III} & -0,707x_3 & 0x_4 & -1x_5 & = & -10 \cdot 10^3 \\
\text{IV} & 0,707x_3 & 0x_4 & 0x_5 & = & 5 \cdot 10^3
\end{array}$$

und als Tableau geschrieben:

$$\begin{array}{lrrr|r}
\text{I} & 0,707 & -0,707 & 0 & -5 \cdot 10^3 \\
\text{II} & -0,707 & -0,707 & 0 & -15 \cdot 10^3 \\
\text{III} & -0,707 & 0 & -1 & -10 \cdot 10^3 \\
\text{IV} & 0,707 & 0 & 0 & 5 \cdot 10^3
\end{array}$$

Als Pivot-Zeile werden die erste Zeile und als Pivot-Spalte die erste Spalte gewählt und die Erweiterungsfaktoren hinter der Pivot-Zeile notiert:

$$\begin{array}{lrrrcrl}
 & \downarrow & & & & & \\
\text{I} & 0,707 & -0,707 & 0 & | & -5\cdot 10^3 & \leftarrow |(-1)\ (-1)\ 1 \\
\text{II} & -0,707 & -0,707 & 0 & | & -15\cdot 10^3 & \\
\text{III} & -0,707 & 0 & -1 & | & -10\cdot 10^3 & \\
\text{IV} & 0,707 & 0 & 0 & | & 5\cdot 10^3 &
\end{array}$$

Eine Neuberechnung des Systems, mit nachfolgender Verschiebung der Pivot-Zeile und der Pivot-Spalte sowie erneuter Bildung der Erweiterungsfaktoren, führt auf das Tableau:

$$\begin{array}{lrrrcrl}
 & & \downarrow & & & & \\
\text{I} & 0,707 & -0,707 & 0 & | & -5\cdot 10^3 & \\
\text{II} & & -1,414 & 0 & | & -20\cdot 10^3 & \leftarrow |\frac{1}{2}\ \left(-\frac{1}{2}\right) \\
\text{III} & & -0,707 & -1 & | & -15\cdot 10^3 & \\
\text{IV} & & 0,707 & 0 & | & 10\cdot 10^3 &
\end{array}$$

Eine Wiederholung dieses Vorgehens liefert dann das Tableau mit der, ausschließlich Nullen enthaltenden Zeile 4:

$$\begin{array}{lrrrcrl}
\text{I} & 0,707 & -0,707 & 0 & | & -5\cdot 10^3 & \\
\text{II} & & -1,414 & 0 & | & -20\cdot 10^3 & \\
\text{III} & & & -1 & | & -5\cdot 10^3 & \\
\text{IV} & & & 0 & | & 0 & |\text{true}
\end{array}$$

Die Zeile 4 entfällt also und bestätigt damit die Richtigkeit der aufgestellten Gleichungen. Da die Pivot-Zeile nun die letzte Zeile ist, wird das Produkt der Diagonalelemente überprüft:

$$d=(0,707)(-1,414)(-1)$$

$$d=2.$$

Das Produkt der Diagonalelemente ist von Null verschieden. Als Pivot-Zeile werden die letzte Zeile und als Pivot-Spalte die letzte

Unbekanntenspalte gewählt. Die Erweiterungsfaktoren werden hinter der Pivot-Zeile notiert:

			↓			
I	0,707	–0,707	0	|	$-5\cdot10^3$	
II		–1,414	0	|	$-20\cdot10^3$	
III			–1	|	$-5\cdot10^3$	← |0 0

Alle Erweiterungsfaktoren sind gleich Null, daher führt eine Neuberechnung des Tableaus auf keine Veränderung. Die Pivot-Zeile und Pivot-Spalte werden verschoben und der neue Erweiterungsfaktor notiert:

		↓				
I	0,707	–0,707		|	$-5\cdot10^3$	
II		–1,414		|	$-20\cdot10^3$	← |$\frac{1}{2}$
III			–1	|	$-5\cdot10^3$	

Eine Neuberechnung des Systems führt dann auf die Diagonalform. Es müssen also nur noch alle Zeilen normiert werden:

I	0,707			|	$5\cdot10^3$	← |: 0,707
II		–1,414		|	$-20\cdot10^3$	|: (–1,414)
III			–1	|	$-5\cdot10^3$	|: (–1)

Aus dem normierten Gleichungssystem

I	1			|	$7,143\cdot10^3$
II		1		|	$14,29\cdot10^3$
III			1	|	$5\cdot10^3$

lässt sich die Lösung dann direkt ablesen:

I	x_3			=	$7,143\cdot10^3$
II		x_4		=	$14,29\cdot10^3$
III			x_5	=	$5\cdot10^3$

Damit sind alle Strebenkräfte ermittelt. Alle Kräfte sind positiv und daher Druckkräfte:

$$x_1 = 5,000kN$$
$$x_2 = 14,29kN$$
$$x_3 = 7,143kN$$
$$x_4 = 14,29kN$$
$$x_5 = 5,000kN$$
$$x_6 = 0kN$$

$

A.2.6 Lösung der Übungsaufgabe zur Ermittlung der Ströme in einem elektrischen Kreis

Es ist die nachfolgende elektrische Schaltung gegeben (Seite 58):

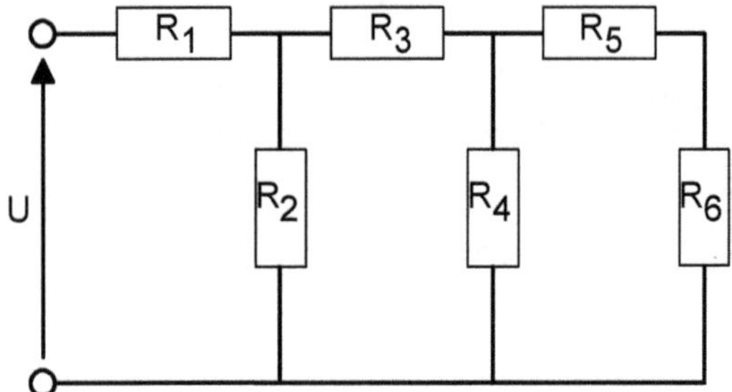

Die Widerstände R_i sind mit

$$R_1 = 10k\Omega$$
$$R_2 = 5k\Omega$$
$$R_3 = 10k\Omega$$
$$R_4 = 5k\Omega$$
$$R_5 = 10k\Omega$$
$$R_5 = 5k\Omega$$

und die Spannung U mit

$$U = 12V$$

bemessen.

Alle Ströme sowie die Spannungen an den Widerständen sind zu ermitteln.

Zunächst werden die Bezeichnungen festgelegt. An die Widerstände $R_1;...;R_6$ werden alle Spannungen $U_1;...;U_6$ mit ihrer (bekannten oder gewählten) Polarität eingetragen. Hinter den Widerständen $R_1;...;R_6$ werden die durch sie fließenden Ströme $I_1;...;I_6$ in, durch die Spannungspfeile festgelegten, Stromrichtungen eingetragen:

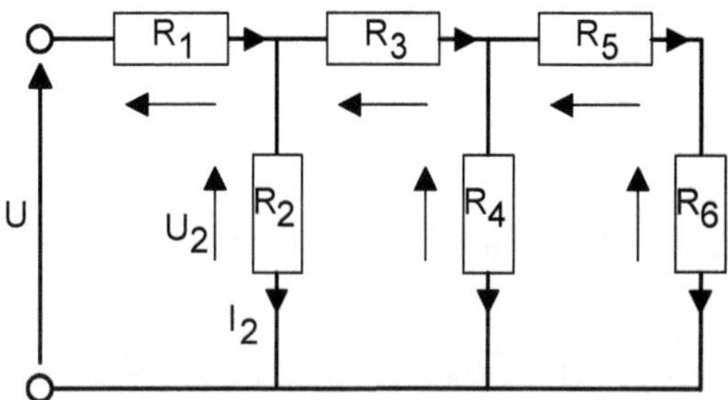

Zur Aufstellung der ersten Gleichungen wird die KIRCHHOFFsche Knotenregel auf alle drei Knoten angewendet.

In den ersten Knoten fließt der Strom I_1 hinein und die Ströme $I_2; I_3$ heraus, also gilt:

I $\quad I_1 - I_2 - I_3 = 0.$

Entsprechend gilt für den zweiten Knoten

II $\quad I_3 - I_4 - I_5 = 0$

und den dritten Knoten

III $\quad I_5 - I_6 = 0.$

Weitere Knoten existieren nicht. Es wird daher nun die Maschenregel angewandt. Für jede Masche – die Masche mit der Spannungsquelle zuletzt – wird eine Gleichung aufgestellt.

Für die erste (rechte) Masche gilt

IV $\quad U_6 + U_5 - U_4 = 0.$

Entsprechend ergibt sich für die zweite (mittlere) Masche

V $\quad U_4 + U_3 - U_2 = 0.$

und die dritte Masche, mit der angelegten Spannung U:

VI $\quad U_2 + U_1 - U = 0.$

Damit sind die erforderlichen sechs Gleichungen aufgestellt. Allerdings enthalten die Gleichungen zum Teil unbekannte Spannungen und zum Teil unbekannte Ströme. Den Empfehlungen folgend, werden die Spannungen durch Ströme mit

$$U = RI$$

ersetzt. Hier ergeben sich damit die Gleichungen:

IV $R_6 I_6 + R_5 I_5 - R_4 I_4 = 0$

V $R_4 I_4 + R_3 I_3 - R_2 I_2 = 0$

VI $R_2 I_2 + R_1 I_1 - U = 0.$

Die Gleichungen lassen sich nun als sortiertes System schreiben:[36]

I	I_1	$-I_2$	$-I_3$				=	0
II			I_3	$-I_4$	$-I_5$		=	0
III					I_5	$-I_6$	=	0
IV				$-R_4 I_4$	$+R_5 I_5$	$+R_6 I_6$	=	0
V		$-R_2 I_2$	$+R_3 I_3$	$+R_4 I_4$			=	0
VI	$R_1 I_1$	$+R_2 I_2$					=	U

[36] Im Folgenden werden die Daten aus Gründen der Platzersparnis stark gerundet angegeben.

Dieses Gleichungsystem wird in ein numerisches Tableau – ohne Einheiten – überführt, also die Koeffizienten eingetragen und die Namen der gesuchten Ströme fortgelassen. Es ergibt sich:

I	1	-1	-1				|	0
II			1	-1	-1		|	0
III					1	-1	|	0
IV				$-5 \cdot 10^3$	$10 \cdot 10^3$	$+5 \cdot 10^3$	|	0
V		$-5 \cdot 10^3$	$10 \cdot 10^3$	$5 \cdot 10^3$			|	0
VI	$10 \cdot 10^3$	$5 \cdot 10^3$					|	12

Als Pivot-Zeile wird die erste Zeile und als Pivot-Spalte die erste Spalte gewählt. Die Erweiterungsfaktoren werden hinter der Pivot-Zeile notiert:

	↓								
I	1	-1	-1				|	0	← |0 0 0 0 $10 \cdot 10^3$
II			1	-1	-1		|	0	
III					1	-1	|	0	
IV				$-5 \cdot 10^3$	$10 \cdot 10^3$	$+5 \cdot 10^3$	|	0	
V		$-5 \cdot 10^3$	$10 \cdot 10^3$	$5 \cdot 10^3$			|	0	
VI	$10 \cdot 10^3$	$5 \cdot 10^3$					|	12	

Nach einer Neuberechnung des Tableaus, mittels der Subtraktion der jeweils erweiterten Pivot-Zeile von den nachfolgenden Zeilen, wird die Pivot-Zeile eine Zeile nach unten und die Pivot-Spalte eine Spalte nach rechts verschoben. Das

Pivot-Element der Pivot-Zeile ist gleich Null, daher wird die Pivot-Zeile mit einer nachfolgenden Zeile, hier der Zeile 6, getauscht:

		↓							
I	1	–1	–1	0	0	0	|	0	
II		**0**	1	–1	–1	0	|	0	← |Zeilentausch II;VI
III		0	0	0	1	–1	|	0	
IV		0	0	$-5\cdot10^3$	$10\cdot10^3$	$+5\cdot10^3$	|	0	
V		$-5\cdot10^3$	$10\cdot10^3$	$5\cdot10^3$	0	0	|	0	
VI		$15\cdot10^3$	$10\cdot10^3$	0	0	0	|	12	

Die neuen Erweiterungsfaktoren werden hinter der Pivot-Zeile notiert:

		↓							
I	1	–1	–1	0	0	0	|	0	
VI		$15\cdot10^3$	$10\cdot10^3$	0	0	0	|	12	← |0 0 $\left(-\frac{1}{3}\right)$ 0
III		0	0	0	1	–1	|	0	
IV		0	0	$-5\cdot10^3$	$10\cdot10^3$	$+5\cdot10^3$	|	0	
V		$-5\cdot10^3$	$10\cdot10^3$	$5\cdot10^3$	0	0	|	0	
II		0	1	–1	–1	0	|	0	

Nach einer Neuberechnung des Tableaus, mittels der Subtraktion der jeweils erweiterten Pivot-Zeile von den nachfolgenden Zeilen, werden die Pivot-Zeile eine Zeile nach unten und die Pivot-Spalte eine Spalte nach rechts verschoben.

Das Pivot-Element der Pivot-Zeile ist gleich Null, daher wird die Pivot-Zeile mit einer nachfolgenden Zeile, hier der Zeile 6, getauscht:

$$
\begin{array}{c|cccccc|c|l}
 & & & \downarrow & & & & & \\
\text{I} & 1 & -1 & -1 & 0 & 0 & 0 & 0 & \\
\text{VI} & & 15\cdot10^3 & 10\cdot10^3 & 0 & 0 & 0 & 12 & \\
\text{III} & & & \mathbf{0} & 0 & 1 & -1 & 0 & \leftarrow \ |\text{Zeilentausch III;II} \\
\text{IV} & & & 0 & -5\cdot10^3 & 10\cdot10^3 & +5\cdot10^3 & 0 & \\
\text{V} & & & 13,3\cdot10^3 & 5\cdot10^3 & 0 & 0 & 4 & \\
\text{II} & & & 1 & -1 & -1 & 0 & 0 &
\end{array}
$$

Die neuen Erweiterungsfaktoren werden hinter der Pivot-Zeile notiert:

$$
\begin{array}{c|cccccc|c|l}
 & & & \downarrow & & & & & \\
\text{I} & 1 & -1 & -1 & 0 & 0 & 0 & 0 & \\
\text{VI} & & 15\cdot10^3 & 10\cdot10^3 & 0 & 0 & 0 & 12 & \\
\text{II} & & & 1 & -1 & -1 & 0 & 0 & \leftarrow \ |0 \quad 13,3\cdot10^3 \quad 0 \\
\text{IV} & & & 0 & -5\cdot10^3 & 10\cdot10^3 & +5\cdot10^3 & 0 & \\
\text{V} & & & 13,3\cdot10^3 & 5\cdot10^3 & 0 & 0 & 4 & \\
\text{III} & & & 0 & 0 & 1 & -1 & 0 &
\end{array}
$$

Nach einer Neuberechnung des Tableaus, mittels der Subtraktion der jeweils erweiterten Pivot-Zeile von den nachfolgenden Zeilen, werden die Pivot-Zeile eine Zeile nach unten und die Pivot-Spalte eine Spalte nach rechts verschoben. Die neuen Erweiterungsfaktoren werden hinter der Pivot-Zeile notiert:

$$\begin{array}{lrrrrrrcrl}
 & & & & \downarrow & & & & & \\
\text{I} & 1 & -1 & -1 & 0 & 0 & 0 & | & 0 & \\
\text{VI} & & 15\cdot 10^3 & 10\cdot 10^3 & 0 & 0 & 0 & | & 12 & \\
\text{II} & & & 1 & -1 & -1 & 0 & | & 0 & \\
\text{IV} & & & & -5\cdot 10^3 & 10\cdot 10^3 & 5\cdot 10^3 & | & 0 & \leftarrow \;|\left(-\frac{11}{3}\right) \quad 0 \\
\text{V} & & & & 18{,}3\cdot 10^3 & 13{,}3\cdot 10^3 & 0 & | & 4 & \\
\text{III} & & & & 0 & 1 & -1 & | & 0 &
\end{array}$$

Das Tableau wird erneut berechnet und die Pivot-Zeile und -Spalte werden verschoben:

$$\begin{array}{lrrrrrrcrl}
 & & & & & \downarrow & & & & \\
\text{I} & 1 & -1 & -1 & 0 & 0 & 0 & | & 0 & \\
\text{VI} & & 15\cdot 10^3 & 10\cdot 10^3 & 0 & 0 & 0 & | & 12 & \\
\text{II} & & & 1 & -1 & -1 & 0 & | & 0 & \\
\text{IV} & & & & -5\cdot 10^3 & 10\cdot 10^3 & 5\cdot 10^3 & | & 0 & \\
\text{V} & & & & & 50\cdot 10^3 & 18{,}3\cdot 10^3 & | & 4 & \leftarrow \;|2\cdot 10^{-5} \\
\text{III} & & & & & 1 & -1 & | & 0 &
\end{array}$$

Das Tableau wird erneut berechnet und die Pivot-Zeile und -Spalte werden verschoben:

I	1	−1	−1	0	0	0	0	
VI		$15 \cdot 10^3$	$10 \cdot 10^3$	0	0	0	12	
II			1	−1	−1	0	0	
IV				$-5 \cdot 10^3$	$10 \cdot 10^3$	$5 \cdot 10^3$	0	
V					$50 \cdot 10^3$	$18,3 \cdot 10^3$	4	
III						−1,37	$-8 \cdot 10^{-5}$	←

Da die Pivot-Zeile nun die letzte Zeile ist, wird das Produkt der Diagonalelemente des Tableaus überprüft:

$$d = (1)\left(15 \cdot 10^3\right)(1)\left(-5 \cdot 10^3\right)\left(50 \cdot 10^3\right)(-1,37)$$

$$d = 5,14 \cdot 10^{12}.$$

Das Produkt der Diagonalelemente ist von Null verschieden, also werden als Pivot-Zeile die letzte Zeile und als Pivot-Spalte die letzte Unbekanntenspalte gewählt. Die Erweiterungsfaktoren werden wieder hinter der Pivot-Zeile notiert:

						↓			
I	1	−1	−1	0	0	0	0		
VI		$15 \cdot 10^3$	$10 \cdot 10^3$	0	0	0	12		
II			1	−1	−1	0	0		
IV				$-5 \cdot 10^3$	$10 \cdot 10^3$	$5 \cdot 10^3$	0		
V					$50 \cdot 10^3$	$18,3 \cdot 10^3$	4		
III						−1,37	$-8 \cdot 10^{-5}$	←	0 0 0 $\left(-3,66 \cdot 10^3\right)$ $\left(-1,34 \cdot 10^4\right)$

Das System wird neu berechnet, die Pivot-Zeile wird eine Zeile nach oben und die Pivot-Spalte eine Spalte nach links verschoben. Die Erweiterungsfaktoren werden wieder hinter der Pivot-Zeile notiert:

$$\begin{array}{lcccccc|rl}
 & & & & & \downarrow & & & \\
\text{I} & 1 & -1 & -1 & 0 & 0 & & 0 & \\
\text{VI} & & 15\cdot 10^3 & 10\cdot 10^3 & 0 & 0 & & 12 & \\
\text{II} & & & 1 & -1 & -1 & & 0 & \\
\text{IV} & & & & -5\cdot 10^3 & 10\cdot 10^3 & & -0,293 & \\
\text{V} & & & & & 50\cdot 10^3 & & 2,93 & \leftarrow \; |0 \quad 0 \quad (-2\cdot 10^{-5}) \quad \frac{1}{5} \\
\text{III} & & & & & & -1,37 & -8\cdot 10^{-5} &
\end{array}$$

Das System wird neu berechnet, die Pivot-Zeile eine Zeile nach oben und die Pivot-Spalte eine Spalte nach links verschoben. Die Erweiterungsfaktoren werden wieder hinter der Pivot-Zeile notiert:

$$\begin{array}{lcccccc|rl}
 & & & & \downarrow & & & & \\
\text{I} & 1 & -1 & -1 & 0 & & & 0 & \\
\text{VI} & & 15\cdot 10^3 & 10\cdot 10^3 & 0 & & & 12 & \\
\text{II} & & & 1 & -1 & & & 5,85\cdot 10^{-5} & \\
\text{IV} & & & & -5\cdot 10^3 & & & -0,878 & \leftarrow \; |0 \quad 0 \quad 2\cdot 10^{-4} \\
\text{V} & & & & & 50\cdot 10^3 & & 2,93 & \\
\text{III} & & & & & & -1,37 & -8\cdot 10^{-5} &
\end{array}$$

Das System wird neu berechnet, die Pivot-Zeile wird eine Zeile nach oben und die Pivot-Spalte eine Spalte nach links verschoben. Die Erweiterungsfaktoren werden wieder hinter der Pivot-Zeile notiert:

$$
\begin{array}{llllllll|rl}
 & & & \downarrow & & & & & & \\
\text{I} & 1 & -1 & -1 & & & & & 0 & \\
\text{VI} & & 15\cdot 10^3 & 10\cdot 10^3 & & & & & 12 & \\
\text{II} & & & 1 & & & & & 2{,}34\cdot 10^{-4} & \leftarrow \ |(-1)\ \ 10\cdot 10^3 \\
\text{IV} & & & & -5\cdot 10^3 & & & & -0{,}878 & \\
\text{V} & & & & & 50\cdot 10^3 & & & 2{,}93 & \\
\text{III} & & & & & & -1{,}37 & & -8\cdot 10^{-5} &
\end{array}
$$

Das System wird neu berechnet, die Pivot-Zeile wird eine Zeile nach oben und die Pivot-Spalte eine Spalte nach links verschoben. Die Erweiterungsfaktoren werden wieder hinter der Pivot-Zeile notiert:

$$
\begin{array}{lllllll|rl}
 & & \downarrow & & & & & & \\
\text{I} & 1 & -1 & & & & & 2{,}34\cdot 10^{-4} & \\
\text{VI} & & 15\cdot 10^3 & & & & & 9{,}66 & \leftarrow \ |(-6{,}67\cdot 10^{-5}) \\
\text{II} & & & 1 & & & & 2{,}34\cdot 10^{-4} & \\
\text{IV} & & & & -5\cdot 10^3 & & & -0{,}878 & \\
\text{V} & & & & & 50\cdot 10^3 & & 2{,}93 & \\
\text{III} & & & & & & -1{,}37 & -8\cdot 10^{-5} &
\end{array}
$$

Das System wird neu berechnet, die Pivot-Zeile wird eine Zeile nach oben und die Pivot-Spalte eine Spalte nach links verschoben. Da die Pivot-Zeile nun die oberste Zeile ist, wurde das System vollständig in die Diagonalform überführt. Es werden alle Zeilen normiert, also durch die Koeffizienten der gesuchten Größen dividiert:

$$\begin{array}{c|cccccc|cl|r}
\text{I} & 1 & & & & & & 8{,}78\cdot 10^{-4} & \leftarrow & : \; 1 \\
\text{VI} & & 15\cdot 10^{3} & & & & & 9{,}66 & & : \; 15\cdot 10^{3} \\
\text{II} & & & 1 & & & & 2{,}34\cdot 10^{-4} & & : \; 1 \\
\text{IV} & & & & -5\cdot 10^{3} & & & -0{,}878 & & : \; (-5\cdot 10^{3}) \\
\text{V} & & & & & 50\cdot 10^{3} & & 2{,}93 & & : \; 50\cdot 10^{3} \\
\text{III} & & & & & & -1{,}37 & -8\cdot 10^{-5} & & : \; (-1{,}37)
\end{array}$$

Damit wurde auf der linken Seite eine Einheitsmatrix erzeugt

$$\begin{array}{c|cccccc|l}
\text{I} & 1 & & & & & & 8{,}78\cdot 10^{-4} \\
\text{VI} & & 1 & & & & & 6{,}44\cdot 10^{-4} \\
\text{II} & & & 1 & & & & 2{,}34\cdot 10^{-4} \\
\text{IV} & & & & 1 & & & 1{,}76\cdot 10^{-4} \\
\text{V} & & & & & 1 & & 5{,}85\cdot 10^{-5} \\
\text{III} & & & & & & 1 & 5{,}85\cdot 10^{-5}
\end{array}$$

so dass die Lösungen direkt abgelesen werden können:

$$\begin{array}{lllllll} \text{I} & I_1 & & & & & = 8,78 \cdot 10^{-4} A \\ \text{VI} & & I_2 & & & & = 6,44 \cdot 10^{-4} A \\ \text{II} & & & I_3 & & & = 2,34 \cdot 10^{-4} A \\ \text{IV} & & & & I_4 & & = 1,76 \cdot 10^{-4} A \\ \text{V} & & & & & I_5 & = 5,85 \cdot 10^{-5} A \\ \text{III} & & & & & & I_6 = 5,85 \cdot 10^{-5} A \end{array}$$

Es wurden alle Ströme ermittelt. Gesucht sind jedoch auch die Spannungen an den Widerständen. Aus dem OHMschen Gesetz lassen sich nun mit

$$U = RI$$

auch noch die Spannungen ermitteln. Für die Spannung am ersten Widerstand ergibt sich:

$$U_1 = R_1 I_1$$

$$U_1 = \left(10 \cdot 10^3 \frac{V}{A}\right)\left(8,78 \cdot 10^{-4} A\right)$$

$$U_1 = 8,78 V$$

Entsprechend errechnen sich auch die übrigen Spannungen zu

$$U_2 = 3{,}22V$$

$$U_3 = 2{,}34V$$

$$U_4 = 0{,}880V$$

$$U_5 = 0{,}585V$$

$$U_6 = 0{,}293V$$

so dass damit alle Größen ermittelt sind.

$

Index

T

V

W

Z

Lightning Source UK Ltd.
Milton Keynes UK
UKHW021834030719
345528UK00009B/77/P